Franz Xaver von Schönwerth
zum 200. Geburtstag

SAGEN UND MÄRCHEN AUS DER OBERPFALZ

Ein Leseheft

Herausgegeben von Erika Eichenseer
im Auftrag der Franz Xaver von Schönwerth-Gesellschaft e. V.

Mit freundlicher Unterstützung von E.ON Bayern
Partner des Schönwerth-Jahres 2010

INHALT

Vorwort Seite 5
Franz Xaver von Schönwerth –
Stationen seines Lebens und Wirkens 6

Sagen

Zwerge 7
Riesen 8
Hüttenmännlein 8
Holzfräulein 9
Ulerl, geh heim 9
Der Wasserfräulein Liebe 10
Irrlichter 11
Arme Seelen 11
Hexen 12
Druden 13
Bilmesschneider 14
Wilde Jagd 15
Feurige Männer 16
Teufel 16

Märchen

Der Teufel und der Besenbinder 17
Der Wundervogel und die beiden Bettelknaben 18
Die Geldmühle 19
Der Zaunkönig 19
Wie ein Gärtnerssohn die schöne Prinzessin gewann 20
Die drei Königstöchter 21
Prinz Goldhaar 22
Aschenflügel 24
Die verwunschene Krähe 26
Jodl, rutsch mir nach 27
Das dumme Weib 28
Nicht zornig werden 29
Räthselkampf 30
Die große Rübe 30
Rätsel 30
Das Wieserl 31
Der Höydl 31

Schönwerths volkskundliche Arbeitsweise 32
Brauchen wir heute noch Märchen? 33
Bücherliste oberpfälzischer Märchen, Sagen, Legenden 35

Vorwort

Liebe Schüler, verehrte Leser,

die 2009 neu gegründete Schönwerth-Gesellschaft e.V. legt ein Heft vor, das den größten, jedoch noch weitgehend unbekannten Volkskundler, Märchen- und Sagensammler der Oberpfalz, Franz Xaver von Schönwerth (1810–1886), vorstellen und Lust auf Sagen und Märchen aus dieser Region wecken möchte.

Angeregt von der Arbeit der Gebrüder Grimm und ermuntert von seiner tief in der Oberpfalz verwurzelten Frau Maria, geb. Rath aus Neuenhammer, die ihm selbst einen riesigen Schatz oberpfälzischen Erzählgutes übermittelt hat, befragte der in Amberg geborene Forscher vorwiegend ländliche Gewährspersonen nach dem Volksleben und den Geschichten ihrer Heimat. Dabei war es nicht immer leicht, an die sperrigen, wortkargen und oft auch misstrauischen Oberpfälzer heranzukommen. Dies geschah z.T. in der Oberpfalz bei seinen von König Max II. höchstpersönlich genehmigten Forschungsaufenthalten. Als seine Hauptgewährspersonen dienten Schönwerth allerdings oberpfälzische Dienstboten, die in München arbeiteten.

Zwar veröffentlichte er einen Teil seiner Sammlung in den drei Bänden „Aus der Oberpfalz – Sitten und Sagen" (1857, 1858, 1859), seine Bücher ließen sich schlecht verkaufen, und zu seiner großen Enttäuschung blieb ihm die allgemeine Anerkennung seiner eigenen Landsleute verwehrt.

Sein riesiger und vielfältiger Nachlass schlummert immer noch in 30 Ordnern beim Historischen Verein im Stadtarchiv Regensburg. Bei meiner Suche stieß ich z.B. auf ca. 500 weitgehend unbekannte Märchen, die sich durch ihren unveränderten Inhalt und ihre original belassene Sprache wesentlich von den Grimm'schen Märchen unterscheiden. Einige davon werden hier vorgestellt; dabei wurde auch die alte Rechtschrift beibehalten.

Bereits zum 100. Todestag Schönwerths veröffentlichte ich 1986 zusammen mit Roland Röhrich und Michael Sahr ein Leseheft „Oberpfälzische Sagen und Märchen". Es lag nahe, zum 200. Geburtstag des bedeutenden Oberpfälzers im Schönwerth-Jahr 2010 eine vor allem um neue Märchen erweiterte Jubiläumsgabe herauszubringen.

Mit dieser neuen kleinen Kostprobe hoffen die Herausgeber, nicht nur spontane Freude bei Jung und Alt auszulösen, sondern auch wachsende Begeisterung für weitere Beschäftigung mit Märchen, Sagen, Legenden und Schwänken, Sprichwörtern und Redensarten sowie dem reichen volkskundlichen Material, das Schönwerth unermüdlich zusammengetragen hat.

Das Heft soll dazu beitragen, dass sich die Oberpfälzer für die faszinierende Welt ihrer Sagen und Märchen wieder mehr interessieren und dieses wertvolle Volksgut begeistert weitertragen in die folgenden Generationen. Denn Sagen und Märchen sind heute genauso aktuell wie in der Vergangenheit. Sie gehören zu unserer Identität, die zu bewahren gerade in einer globalen Gesellschaft notwendiger erscheint denn je.

Mein herzlicher Dank gilt:
- der Philipps-Universität Marburg und Siegfried Wagner für die Übertragung der Texte,
- den Mitautoren dieses Leseheftes Roland Röhrich und Michael Sahr (posthum),
- Regierungsschuldirektor Herbert Heinrich für seinen Beitrag,
- den Lehrern und Schülern, die die wunderschöne Bebilderung beigesteuert haben: Claudia Graf (Koordination), Regina Marx, Michael Höfler und Brigitte Klebl von der Hauptschule Neutraubling, Verena Helmschmidt, Volksschule Seubersdorf, Maria Lindner, Gymnasium Neutraubling, und Edda Preißl, Pestalozzi-Grundschule Regensburg,
- in besonderem Maße Anton Schlicksbier für die technische Betreuung,
- nicht zuletzt dem Historischen Verein von Regensburg und der Oberpfalz für die Abdruckgenehmigung der Märchen aus Schönwerths Nachlass.

Erika Eichenseer

Franz Xaver von Schönwerth

Stationen seines Lebens und Wirkens:

1810   16. Juli: Geburt Schönwerths in Amberg; (Eltern: Joseph Schönwerth, Zeichenlehrer am Amberger Gymnasium, und Josepha, geb. Kirchberger)

1821   Eintritt in die „untere Abteilung" des Amberger Gymnasiums

1832   Abschlussprüfung an der Lyceal-Studienanstalt zu Amberg als zweitbester Schüler; Beginn des Studiums an der Bauakademie in München

1834   Nach 5 Semestern Wechsel an die Münchener Universität zur Aufnahme des Jurastudiums

1837   Erste Staatsprüfung mit der Note „ausgezeichnet im vorzüglichen Grade"

1841   Nach bestandener Prüfung für den höheren Finanzdienst Anstellung bei der Regierung von Oberbayern

1845   Privatsekretär des Kronprinzen Maximilian

1848   Nach der Thronbesteigung Maximilians II. Hofsekretär und Vorstand der Kabinettskasse

1851   Ernennung zum Generalsekretär und Ministerialrat am bayerischen Staatsministerium der Finanzen

1854   Erste vorbereitende Arbeiten zu den „Sitten und Sagen": Fragebogen über „Gegenstände, über welche gefällige Mitteilung erbeten wird an Gewährsleute in der Oberpfalz"

1856   Verehelichung mit Maria Rath, der Tochter des Hammergutsbesitzers Michael Rath aus Neuenhammer bei Vohenstrauß

1857   Veröffentlichung des 1. Bandes „Aus der Oberpfalz – Sitten und Sagen"; die Bände 2 und 3 folgten in den Jahren 1858 und 1859

1859   Verleihung des persönlichen Adels

1860   Vom König befürworteter dreimonatiger Forschungsaufenthalt in Neuenhammer: Studien und Sammlungen zu oberpfälzischen Sitten, Sagen und Sprichwörtern sowie zur oberpfälzischen Mundart.

1861   Zweiter Forschungsaufenthalt in Neuenhammer: Fortsetzung der volkskundlichen Studien und Sammlungen

1866   Wahl zum 1. Vorsitzenden des Historischen Vereins von Oberbayern (bis 1875)

1872   Aufsatz: „J. A. Schmeller und seine Bearbeitung der baierischen Mundarten mit Bezugnahme auf das Oberpfälzische"

1874   Herausgabe der Sammlung „Sprichwörter des Volkes der Oberpfalz in der Mundart"

1880   Eintritt in den Ruhestand

1886   24. Mai: Tod Schönwerths; Beisetzung auf dem Alten Friedhof zu München.

König Maximilian II. von Bayern an Schönwerth

Herr Ministerial Rath Fr. Schönwerth! Ihr interessantes Werk über die Sitten und Sagen der Ober-Pfalz - I. Theil - habe Ich mit Vergnügen entgegengenommen. Sie wissen, welch' hohen Werth Ich so schätzbaren Beiträgen zur Ethnographie Meines Landes beilege, und es freut Mich, daß, wie Ich höre, auch die Kritik sich sehr günstig über Ihr Unternehmen ausgesprochen. Empfangen Sie Meinen verbindlichen Dank für Ihre Aufmerksamkeit, der Ich mit gnädigen Gesinnungen bin,

             Ihr

München   wohlgewogener König
den 25ten Juny   Max
1857.

Jakob Grimm an Schönwerth
(Ausschnitt)

Verehrter Herr, vielleicht ist Ihnen das stück des Leipziger centralblattes zu gesicht gekommen, worin ich vor einem vierteljahre meine grosse Freude über Ihre Sammlung aus der Oberpfalz laut werden liesz, und nicht umhin konnte auf die 2,313 mitgeteilte sage von Woud und Freid ganz besonderes Gewicht zu legen...

Ihr ergebenster
Jakob Grimm.
Berlin 26. Sept 1858.

Zwerge

Bild: Franziska Herlinger, Gymnasium Neutraubling, 6. Klasse

Das Wort Zwerg lautet oberpfälzisch Zwargl. Im Südosten, am Böhmerwald, heißen sie Razen, Ratzeln, Schrazen, Schrazeln, Strazeln, an der Zott, einem Nebenflüßchen der Pfreimd, auch Fankerln, und im Fichtelgebirge schließlich nennt man sie Hankerln.

Ein Erzähler aus Bärnau beschreibt sie folgendermaßen: D' Zwargln helfa d' Leitt arbed'n, wenn si si midananda votrog'n. San halt read baisi Leitt. 's Gold und 's Silba stel'ns asn Bergwerk'n. D' Zwargl'n lebm in Wold in Felslecharn und hob'n an Kini, an Zwarglkini. Si san z'meist unttairdisch und arbed'nt in Bergwerk'n. Fest douns a feyarn. Oan Rhein kummas gearn zam, wal dao vül Gold und Silba is. Si san near a paar Schouch haoch und hob'n an raud'n, langa Boart und san read stoark. In Haisern werd'ns niad gseag'n. Wenn oba oinar in Wold kummt und in Naod is, dean wird oft von ina ghol'f'n, es gschicht san Oarbed dahoim, ohne daß ma's siad und a in Wald gaid d' Arbed leichta. In di Fels'n hob'ms seine kloin Dirla, wao's ein und as genga. Es san ira oft vül barananda. (SSO 2, 289 f.)

Öfter waren die Leute auf den Wiesen am Giebenberg, etwa 1½ Stunden von Rötz entfernt, beschäftigt, Heu zu machen. Da kamen die Strazeln herbei und arbeiteten mit, besonders um die Mittagszeit, wenn die Menschen von der Arbeit ruhen. Gingen diese wieder an die Arbeit, so begaben sich die kleinen Dinger dahin, wo Mittag gehalten worden war, und verzehrten die Überreste des Mahles. Sowie man aber auf sie zuging, liefen sie in den Berg hinein und nahmen mit, was sie an Speise erhaschen konnten.

So befreundeten sie sich gar sehr mit einem Knecht. Wenn dieser auf dem Feld arbeitete und seinen Goller (Jacke) auf den Rain geworfen hatte, kamen sie schnell herbei und durchsuchten die Taschen, ob sie nichts zu essen finden möchten. Er hatte aber schon dafür gesorgt, daß sie nicht umsonst suchten. Mit der Beute liefen sie schnell davon. Einmal hatte er sich unter Mittag in den Schatten gelegt und war erst gegen Abend erwacht. Da fand er zu seinem großen Erstaunen alle Arbeit schon getan und sah, wie ihrer drei gerade noch beschäftigt waren, den letzten Bifang (Furche) zu ackern; zwei gingen hinter dem Pfluge, einer vor den Ochsen. (SSO 2, 297)

Riesen

Riesen wohnten überall in der Oberpfalz, und häufig sieht man noch die Spuren ihrer riesigen Tätigkeit, ihrer Kraft. Ihre Wohnstätten, alte Burgen, nun meist in Trümmern, trifft man vorzüglich längs des Böhmerwaldes von Bärnau an bis hinunter zur Donau, dann westlich hin am Fichtelgebirge und von dessen Ausläufern hinab über Velburg zur Laaber, aber auch im Innern des Landes, wie um Amberg. Auffallend ist, daß die Sage von den Riesen vorzugsweise in den gebirgigen Strichen geht und gerade da, wo die Zwerge noch vor kurzem wohnten. (SSO 2, 264)

Etliche Stunden östlich von Bärnau in Böhmen haben die Riesen ein Schloß gebaut, Frauenberg genannt. Es waren ihrer zwölf Paare, und die Weiber trugen die Steine in ihren Schürzen auf den Berg. Als es vollendet war, feierten sie in der Hütte, welche sie seither bewohnten, das letzte Fest. Einer der Riesen aber war so klug und reichte den andern im Weine einen Schlaftrunk, zündete die Hütte an und verbrannte diese mitsamt den elf Riesen und ihren Weibern. So gehörte das Schloß ihm und seinem Weibe.

Dieser „Riesenstamm" hat sich lange gehalten. Sie trieben dabei das Handwerk des Raubens und plünderten die Kaufleute, welche auf der Heerstraße von Hamburg über Nürnberg nach Böhmen hineinzogen, denn die Straße ging unweit der Burg. Jetzt ist sie Wald, wie denn Böhmen nach Aussage des Holzfräuleins schon neunmal Wald und ebenso oft Feld und Wiese gewesen ist. Der letzte Riese aber hat die Tochter eines Fürsten geraubt und den Kriegsleuten im Schwedenkriege etwa die Lebensmittel weggenommen. So gingen er und seine Burg im Sturme unter. (SSO 2, 268 f.)

Bild: Veronika Pahlow, Volksschule Seubersdorf, 5. Klasse

Ursprünglich war der Rauhe Kulm von einem Riesengeschlechte bewohnt. An einem schönen Abend ging nun ein Riesenfräulein den Berg hinunter, um sich die Gegend zu beschauen, und fand auf der Fläche einen Bauern mit seinen Ochsen pflügen.

Sie hatte noch nie Menschen gesehen und war also freudig erstaunt, so kleine Dinger zu finden, welche sich immer bewegten, ohne gerade viel vom Platz zu kommen. Während sie so ihre Neugier befriedigte, brach die Nacht herein: Sie sollte zum Vater heim. Ohne viel Besinnen raffte sie ein gut Stück des Ackerlandes in ihre Schürze, legte ganz sachte das vom leisen Fingerdrucke schon ohnmächtige Bäuerlein mit Gespann und Pflug darauf und eilte, ihr neues Spielzeug auf die Burg zu bringen und dem Vater zu zeigen.

In der Eile aber löste sich des Schurzes Band, die Last mochte doch etwas zu groß sein, und Erde, Bauer, Pflug und Ochsen fielen zu Boden. Die Erde ließ nun das Riesenkind liegen, und sie liegt noch heute da, wo sie der Schürze entfiel; es ist der Kühkübel (ein kleinerer Basaltkegel östlich des Rauhen Kulm). Bauer, Ochsen und Pflug aber nahm sie wieder auf, trug sie hinauf und stellte sie dem Vater auf den Tisch.

Doch dieser belehrte sein Kind in ernsten Worten, wie der Bauer auch Mensch sei gleich ihnen, nur kleiner, und wie diese Menschenkinder das Feld bebauten und Nahrung schafften, ohne welche sie auf der Riesenburg bei all ihrer Größe und Stärke verhungern müßten. Zugleich erteilte er dem betreffenden Kinde den Auftrag, den Bauern und seine Tiere gleichwohl für diese Nacht zu beherbergen und gastlich zu verpflegen, des folgenden Tages aber unfehlbar an den nämlichen Ort zurückzutragen, wo sie ihn genommen. (SSO 2, 267 f.)

Hüttenmännlein

Eine andere Art der unterirdischen Zwerge (neben den Bergmännlein) hat es mit dem Schmelzen der Metalle, besonders des Eisens, zu tun und wählt daher die Eisenhämmer zum Orte ihrer Tätigkeit. Bei den vielen Hammerwerken in der Oberpfalz ist der Glaube an das Dasein dieser kleinen Wesen sehr allgemein; sie erscheinen, wie die Hüttenleute, mit Schurzfell um den Leib und der Schmerkappe auf dem Kopfe, daher klein wie alle ihres Geschlechtes und grau von Farbe. (SSO 2, 329)

Es war am heiligen Christabende, da ritt ein Ritter von seinem Landsitze Spielberg nach seinem Eisenhammer, der damals „zur Ödenmühle" hieß. Die Stunde des Weges, die er sonst brauchte, wollte kein Ende nehmen; es ward finster, der Sturmwind heulte, und der Schnee fiel dicht. Er hatte sich verirrt. Da vernahm er den abgerissenen Schall des Glockengeläutes, welches die frommen Christen zum mitternächtlichen Gottesdienste rief. Zugleich aber stutzte sein Roß und schnaubte und bäumte sich und wollte nicht mehr weiter. Ein Männlein hielt den Gaul fest an der Mähne. Der Ritter aber führte einen starken Streich darauf, und es seufzte und verschwand.

Doch sollte es dem Ritter leid tun: denn er befand sich in einem Sumpfe und war bis an den Sattelknopf darin versunken. Er wäre sicher hier umgekommen, wenn nicht auf einmal hinter ihm die Feueressen ihre Feuergarben empor geworfen und die Schmiedhämmer laut zu schlagen angefangen hätten.

Da erst fand er sich zurecht, und in kurzer Zeit hatte er seinen Hammer erreicht. Aber groß war sein Zorn, daß die Hammerleute die heilige Nacht mit knechtlicher Arbeit entweihten. Er stürzte auf die Hütte zu, stieß die Türe auf – alles war still wie ein Grab und niemand zu sehen. Nur ein Zwerg kauerte in der Esse vor einer glühenden Kohle und rührte mit einem Spieß die Schlacken im Herde. Und wie er auf denselben losfuhr, um ihn zu packen, entschlüpfte er seiner Faust und kollerte im Schlote hinauf, und ein dichter Feuerregen fiel herab, und in kurzem stand alles Gebälk in Rauch und Feuer und versank in Asche.

Laut jammerten die Hüttenleute, die nun ohne Obdach waren. Von ihnen erfuhr der Ritter, daß der Zwerg ein Hüttenmännlein gewesen sei, ein guter Geist, der dem Verirrten auf den rechten Weg helfe und das Hüttenfeuer in besseren Gang bringe, geneckt aber oder mißhandelt, zum bösen Geist werde, der alles verwüste und nichts aufkommen lasse.

Die Hammermühle wurde zwar wieder aufgebaut, aber vom losbrechenden Weiher von Grund aus zerstört. Sie mußte bachabwärts versetzt werden, da wo jetzt der Neuenhammer ist.

(Nachlaß, 203 075)

Holzfräulein

Im Wald gibt es das Baummoos, das oft acht Schuh lang wird und dann wie ein Seil von einem Baum zum anderen hängt. Dieses Moos wird von den Holzfräulein gesponnen. Holzweiblein sind ganz kleine Wesen, die selbst auf dem Ofen Platz haben. Die Leute halten sie für verwunschene Arme Seelen, die von Holzhetzern verfolgt werden. Sie leben paarweise in der Ehe zusammen und haben auch Kinder. (SSO 2, 358)

Im Böhmerwalde bey Bärnau haben Zwey Kohlen gebrannt, und als es recht kalt wurde, schliefen sie in einem Sack, zwiegstöß (gegenüber), daß der Eine seinen Kopf oben, der Andere unten herausreckte. So lagen sie neben dem Meiler. Da kamen auch die Holzhetzer und hetzten ein Holzfralerl her, welches sich neben den Meiler auf einen Stock hinsetzte und so sicher blieb. Da sieht sie die Zwey im Sack und sagt: „Solche Leute habe ich noch nicht gesehen; zwey Köpfe und keinen Fuß! Jetzt weiß ich den Böhmerwald schon neunmal zu Wiese und Fels und neunmal zu Wald, und habe nichts solches noch gesehen. Das muß ich meiner Mutter sagen, die ist noch einmal so alt als ich." (Übertragung Schönwerths) *(SSO 2, 368)*

Mundartliche Fassung

In Baimawold dao hob'm zwein Kuln brennt. Aitz is read kold gwest und san allzwein in Sock kroch'n, und oina haod an Kuapf untt und daranda uab'm assigreckt, und sua sans neban Mala glegn. Dao kumma d'Hulzhetza und hetz'n a Hulzfralerl hear, und dai setzt si glai neban Mala af an Stuak affi, waos ir nix oankennt hob'm, und siad dai zwein im Sock und sagt:

„Koine sechana Leitt hob i a nu niad geseag'n. Zwein Kuapf und koin Fouß. Aitza woiß i schon an Baimawold neinmal zi Wis'n un neinmal zi Wold. Aitza mou i's near meina Mouda sog'n. Dei is scho numal sua old wos i." (Bärnau)

Ulerl geh heim

Märchen zur Holzfräulein-Sage

Der Bauer Deuzer aus Fleckl bei Warmensteinach ging wie gewöhnlich als Wilddieb auf den Anstand. Einmal lief ein kleines Ding auf ihn zu. Er fing es und nahm es mit heim. Da hatte alles eine Freude an dem kleinwinzigen Weiblein. Weil es aber so wild tat, nahm der Bauer einen Strick und setzte es auf den Ofenhals und band es wie ein Hündlein an. Zwei Tage aß und trank es nicht, am dritten aber fing es an, hungrig zu werden und ein klein wenig zu essen. Da kam ihr Mann und schrie: „Ulerl, geh heim, das Bulerl (Kindlein) greint." Das Weiblein schwieg und weinte still. Tags darauf kam der Mann wieder und sagte: „Geh heim, das Bulerl greint!" Da sagte das Weiblein: „Ich kann ja nicht, bin angebunden."

Der Bauer saß mit seinen Leuten beim Essen am Tisch und sagte zum Holzmann: „Wir hätten sie schon losgelassen, aber sie sagt uns nichts auf alles, was wir fragen." „So sag ihnen alles", erwiderte das Männlein, „was sie fragen, nur drei Dinge nicht." – „Grad die wollen wir wissen", sagte der Bauer. Da schnitt das Männlein ein finsteres Gesicht und sagte: „Wie willst du um Dinge fragen, von denen du nichts weißt – zum Ersten: Wenn der Bauer den Misthaufen angreifen soll, zum andern, was die Haare in der Bürste bedeuten, und zuletzt: Wozu die Hauswurz gut ist." Da lachte der Bauer und sagte: „Du kleiner Zwergl behalte deine Weisheit, wenn du nichts besseres weißt, geh her und iß mit uns." Das Männlein bäumte sich und sagte: „Wärest du nicht so dumm, so würdest du fragen, wie aus dem Misthaufen Gold, aus dem Haar der Bürste Silber und Gesundheit von der Hauswurz kommt."

Er sprach's und lief davon und schrie zurück: „Ulerl, geh heim, das Bulerl greint!" Die Magd erbarmte sich des weinenden Weibleins und sagte zum Bauer: „Laß sie los, um ihres Kindleins willen!" Der Bauer stützte seinen Kopf auf die Fäuste und sagte nichts. „Rede noch mal, Langhals!" flehte das Weiblein zur Magd. „Na, so nimm halt den Strick ab", sagte der Bauer zur Magd. Sie tat es, da trat das Weiblein vor den Tisch und sagte: „Vergelt's Gott für alles, was du mir Böses mit gutem Willen getan hast, von nun an wird Glück und Segen auf dir und deinem Hause ruhen und nimmer morsch werden."

Das Haus des Bauers steht auch schon in der sechsten Generation, ein hölzernes schlechtes (schlichtes) Haus so gut und fest wie alle steinernen daneben. (Fichtelberg) *(Nachlaß, 203 557)*

Der Wasserfräulein Liebe

Wasserfräulein haben langes, in Zöpfe geflochtenes Haar, das bis auf den Boden reicht, ihr unterer Körper gleicht dem eines Fisches, ihr oberer ist von großer Schönheit. Ihre Augen sind verschiedener Farbe, wie bei den Menschen. Sie besitzen keinen Verstand wie der Mensch, aber wunderbaren Gesang. Gegen Menschen zeigen sie sich außerordentlich scheu. Nicht mit Unrecht, denn man sucht sie zu fangen und verkauft sie dann an die Komödiantenleute, die sie auf den Jahrmärkten für Geld sehen lassen. (Ahornberg)
Wenn Wasserfräulein aus dem Wasser geholt waren, brauchten sie eine gewisse Feuchte, um überleben zu können. Auf Bretterdielen z.B. gingen sie sofort ein, auf kühlen, feuchten Natursteinen überlebten sie knapp, auf der „Treppe" im Schatten gerade noch. Als „Treppe" bezeichnete man nicht nur die Steinstufen, sondern auch die großen Granitplatten im Hausflur zwischen Stall, Kochstube und Stube. Im Keller dagegen konnte man sie gut erhalten.   *(Nachlaß, 203 310)*

Bild: Jakob Eichenseer, Grundschule Regensburg, 2. Klasse

Ein Burgvogt, befragt, warum er so lange nicht heirate, gab zur Antwort, er habe einst geträumt und im Traume ein Mädchen gesehen, so schön und lieb, wie er noch keines bisher gefunden, sie stehe nun immer vor seiner Seele; er wisse noch alles ganz genau und würde selbst die Gegend erkennen, wo er im Traume sie gesehen.

Einmal mußte er im Auftrag seines Herrn eine Reise unternehmen. Nachtherberge fand er auf einem Schloß im Gartenhause. Es war eine schöne, mondhelle Nacht, und da er nicht schlafen konnte, ging er hinaus in den Garten. Am Ende eines Laubenganges befand sich ein Springbrunnen. In diesen schaute er eine Zeitlang hinein und glaubte plötzlich, die Jungfrau, welche ihm im Traum erschienen war, im Wasserspiegel zu erkennen. Nachdenkend kehrte er zurück, und es war ihm hierbei, als ginge die Jungfrau vor seinen Augen einher. Er öffnete die Tür des Gartenhauses und war überrascht, die Jungfrau im Gemach zu erblicken. Nicht lange währte das Gespräch zwischen beiden, so trug ihr der Vogt seine Hand an, und sie blieb sofort bei ihm, als wäre sie schon längst sein Weib.

Am Morgen aber hatte der Vogt Reue, daß er sie über Nacht bei sich behalten. Da lächelte sie und tröstete ihn. „Sei ruhig", sprach sie, „es hätte ja doch einmal sein müssen. Deine Formen sind nicht die meinen; ich bleibe bei dir; doch frage mich nie um meine Herkunft!" Dabei langte sie in die Falten ihres weiten Kleides und reichte dem Erstaunten einen reichen Schatz an Perlen und Edelsteinen daraus hervor.

So lebten sie glücklich zusammen. Das Glück erhöhten ihre Kinder, die sie ihm gebar. Als sie aber mit dem siebenten Kind schwanger ging, bekam sie große Angst, und als der Knabe geboren war, wendete sie ihm eine Sorgfalt und Zärtlichkeit zu wie keinem der früheren Kinder.

Der Knabe ward zum jungen Mann von 25 Jahren gereift. Da vernahm der Vater von ihrem Munde das Geheimnis, das seither schwer auf ihr geruht hatte. „Du mußt wissen", hub sie an, „daß ich eine Wasserfrau bin." Sieben Kinder habe ich geboren, sechs gehören dir, das siebente habe ich versprochen, nach 25 Jahren dem Wasser als Tribut zu opfern, um dir die anderen sechs zu retten. Nun soll ich mich von meinem Sohn trennen, der mir der liebste ist."

Da berieten sich die Gatten und beschlossen, den Sohn auf Reisen zu senden, ihn aber vor dem Wasser zu warnen. Also verließ der Sohn die Heimat und ging hinaus in die weite Welt, stets das Wasser vermeidend. Doch einmal vermochte er es nicht, der Warnung der Mutter zu gehorchen; einem schönen Mädchen zu Gefallen unternahm er eine Wasserfahrt. Heiter und schön war der Himmel, ruhig wie ein Spiegel der See.

Plötzlich aber begann das Wasser zu wogen und zu brausen; es warf das Schifflein auf und nieder, so daß alle gedachten, ihre letzte Stunde sei gekommen. Wollte der Jüngling Hand anlegen, das Schifflein zu lenken, tobten die Wogen noch unbändiger. Um die anderen zu retten, sprang er hinaus in die stürmische Flut, und sogleich sah man ihn von einem schönen Frauenarm umschlugen und in die Tiefe gezogen. Er befand sich in den Armen einer schönen Wasserfrau und bedurfte keiner Überredung, bei ihr zu verbleiben; so hatte ihn ihre Schönheit gefesselt. Doch mit Trauer gedachte er der Mutter zu Hause und erhielt das Versprechen, daß er sich ihr alle vier Wochen zeigen dürfe, indem er den Kopf über das Wasser erhebe. Zu gleicher Zeit sollte auch der Mutter Meldung geschehen, wo ihr Sohn sei, und daß sie ihn alle vier Wochen sehen werde, obwohl sie durch ihre Wortbrüchigkeit solche Gunst nicht verdient habe.

Der Sohn aber gedachte bald nicht mehr der Mutter, noch weniger der Zeit, wo und wann er sich ihr zeigen könne. Wohl mahnte den Liebestrunkenen die Wasserfrau. Doch er meinte immer, die Zeit sei noch nicht hierfür gekommen, wie denn die Zeit da unten eine ganz andere ist als bei uns. Erst als ihm ein Knabe geboren wurde, gedachte er seiner Pflicht und wollte hinauf an den Wasserspiegel, um die Mutter zu sehen. Er vermochte es nicht mehr.

So war ihm auch das siebte Kind geboren. Da wollte er sich nicht mehr zurückhalten lassen: Er näherte sich der Wasserfläche und sah ein Schifflein fahren. Drinnen saß eine jugendliche Braut mit den Zügen seiner Schwester. Da legte er sein Ohr an den Kahn und vernahm, die Braut sei die Tochter seiner Schwester. Überwältigt von Sehnsucht nach den seinigen und der Erde erhob er das Haupt über die Wasserfläche. Die Braut erkannte ihn. Er aber stieß einen Schrei und verschwand. Zur Stelle zeigte sich eine Blutlache.

Eines Tages ging die Mutter, traurig über das unbekannte Schicksal ihres Sohnes, im Garten. Da lag die Leiche ihres Sohnes am Brunnen. Nun ward ihr klar, was geschehen war. Auch ihre Zeit war um. Sie ergriff die teure Leiche und stürzte mit ihr in den Brunnen. Von beiden ward nichts mehr gesehen.

So hatte die Wasserfrau sieben Kinder gewonnen, und durch den Wassertod des Siebenten für sich die Erlaubnis, auf neue drei Jahrhunderte schön und jung zu bleiben.   *(SSO 2, 200)*

Irrlichter

Unter den Irrlichtern versteht das Volk geisterhafte Wesen, meistens arme Seelen, welche der Erlösung harren. Sie sind im Kleinen, was die feurigen Männer im Großen. Sie zeigen sich vorzüglich an sumpfigen Stellen, in Wiesen, welche an oder in Wäldern sich hinziehen, an Wassern, besonders kleinen Bächen; bald hart am Boden, bald über demselben, als Flämmchen, wie von einem Spanlichte, aber bläulich von Farbe.
(SSO 2, 98)

Bild: Diana Baumstark, Hauptschule Neutraubling, 8. Klasse

Einer von Breitenwün bei Velburg ging nachts ziemlich angetrunken vom Jahrmarkte heim. Auf dem Wege hüpften Lichtlein vor ihm einher, und besonders drei hielten sich ganz in seiner Nähe und umtanzten ihn, weshalb er ihnen zurief: „Wenn ihr mir leuchtet, daß ich heimfinde, bekommt jedes einen Taler." Freudiger hüpften die Lichter vor ihm her, bis der Mann an seinem Dorfe war. Da sagte er: „So, jetzt könnt ihr wieder heim, ich brauche euch nicht mehr." – Die Lichtlein aber gingen nicht heim, sondern stets vor ihm her, bis zum Hause und von da in die Stube, und leuchteten dem Bauern in das Bett und leuchteten so lange, bis er einschlief. Und so geschah es jede Nacht, und wie es dunkelte, waren sie um ihn. Nun baute er eine Kapelle am Dorfe und stiftete ein ewiges Licht. So wie dieses das erste Mal brannte, ließen sich die Lichtlein nicht mehr sehen. – Das Kapellchen steht heutzutage noch, aber das ewige Licht ist ausgegangen. *(SSO 2, 100)*

ARME SEELEN

Wenn der Mensch stirbt, muß die Seele so lange in der Luft herumwandern, bis alles gebüßt ist, was sie auf sich hat, bis die Verwandten für sie so viel Gutes getan und gebetet und so oft das heilige Meßopfer dargebracht haben, daß sie zur Gnade Gottes gelangen kann. Der zweite Tag im November ist dem Gedächtnisse der armen Seelen geweiht. An diesem Tage sind sie frei von jeder Pein, dürfen das Fegfeuer verlassen. Schon das ganze Jahr freuen sie sich auf diesen Tag und zeigen sich oft vierzehn Tage vorher als kleine Lichtlein, damit man ihnen zu Hilfe komme.
(SSO 1, 280 ff.)

In der Steinlohe, eine Stunde von Tiefenbach, war ein Bauernhaus, in welchem ein Geist unter verschiedenen Gestalten umging. So kam er öfters als Hund, den die Leute nicht kannten und mit Steinwürfen verfolgten, daß er heulend entfloh; bald kam er als Katze, die jedes Mal Schläge bekam, um sie fortzubringen; aus ihren Gebärden konnte man entnehmen, daß sie keine natürliche war. Manchmal hüpfte er auch als Kröte in der Stube herum, besonders nach dem Essen.

Da nun die Bäuerin einmal an einem Sonntag zu Hause blieb, um die Küche zu besorgen, weil die Leute in die Kirche gingen, kam die Katze vor das Fenster und miaute so lange, bis die Bäuerin sie herein ließ. In der Stube schnurrte sie aber immer herum, bald auf der Ofenbank, bald hinter den Häfen, so daß die Bäuerin endlich ganz gutmütig zu ihr sagte: „No, was hast du denn, daß du gar so herumraunzest?"

Kaum waren diese Worte gesprochen, so verschwand die Katze, und die verstorbene Mutter der Bäuerin stand da, dankte ihrer Tochter, daß sie sie angesprochen habe, und sagte zu ihr: „Nun ist es schon zwölf Jahre, daß ich verstorben bin, und seit dieser Zeit muß ich immer als Geist in deinem Hause umgehen und warten, bis mich jemand anspreche.

Bald mußte ich erscheinen als Hund, und da habt ihr auf mich geworfen, besonders hat mir der böhmische Knecht so wehe getan; bin ich als Katze gekommen, so hat es mir die Magd zumeist entgelten lassen. Am schmerzhaftesten aber fiel es mir, wenn du Kraut aus dem Bottich nahmst und den Stein, der oben liegt, so schwer hineinfallen ließest; denn ich saß als Kröte allemal unter dem Bottich. Nun kann ich dir doch sagen, wie du mich erlösen kannst. Du mußt nämlich ein Jahr lang in jedem Monate eine heilige Messe für mich lesen lassen und an dem Tage, wo sie gelesen wird, fasten, bis die Sterne am Himmel stehen; endlich mußt du in dem Garten an der Stelle, die du morgen früh bezeichnet finden wirst, eine Kapelle bauen und die Muttergottes von Altötting hineinstellen; dann werde ich erlöst sein.

Denn alles dieses habe ich versprochen, da ich mit dir schwanger ging, um eine glückliche Geburt zu haben. Zur Strafe, daß ich das Versprechen nicht hielt, mußte ich als Tier umgehen."

Wie die arme Seele ausgeredet hatte, wollte ihr die Bäuerin um den Hals fallen und alles zu tun versprechen. Der Geist aber war verschwunden. Am nächsten Morgen ging sie in den Garten und fand dort einen Fleck, ganz ausgebrannt. Sie säumte nun nicht, die Kapelle bauen zu lassen und all das andere zu erfüllen. Und wie die letzte Messe gelesen war, legte sich die Bäuerin nieder und starb. Die Kapelle ist aber heutzutage noch stark besucht, besonders von Böhmen aus.
(SSO 1, 291 ff.)

Hexen

Hexen sind gottlose Weiber, welche mit dem Teufel gegen Verschreibung ihrer armen Seelen in einen Bund treten, um mit dessen Hilfe dem Nächsten zu ihrem Vorteile oder auch bloß aus Rache und Bosheit zu schaden. Dieser Schaden trifft besonders das Zug- und Nutzvieh, darunter vorzugsweise die Kühe, welchen sie den Nutzen oder die Milch nehmen. Am meisten schaden sie an den Vorabenden heiliger Zeiten, durchwegs in den Losnächten und unter diesen besonders in der Walburgisnacht. Sie fügen aber auch dem Menschen unsichtbarerweise an dessen Leibe Schaden zu: Nach dem Glauben des Volkes sind viele Krankheiten, insbesondere solche, deren Ursache man nicht auffindet, dem Zauber der Hexen zuzuschreiben. Deshalb gibt es zahllose Mittel gegen diesen Zauber. (SSO 1, 363 f.)

Es war eine Bäuerin, die immer fett kochte, und doch tat sie niemals Schmalz, sondern Milch in die Pfanne. Da sagte es die Dirn dem Knecht, und dieser lauschte einmal die Bäuerin ab. Er sah, wie sie Feuer machte und in die Pfanne Milch goß. Darauf kam eine Kröte, hüpfte auf die Pfanne und spritzte so lange hinein, bis die Bäuerin sagte: „Es ist genug!" Als sie die fetten Nudeln auf den Tisch brachte, aß der Knecht nichts. Der Bauer fragte ihn, warum er nicht zulange. „Bauer, dein Weib ist eine Hexe", sagte der Knecht. „Ich bleibe nicht mehr, sondern gehe aus deinem Dienste." So kam der Knecht zu einem andern Bauern in Dienst; dessen Frau war aber auch eine Hexe. Der Knecht sah daher einmal, wie seine Bäuerin einen Besenstiel hatte, ihn mit einer Salbe aus einem Büchschen bestrich, zwischen die Beine nahm und mit den Worten „Über sich aus, nirgends an" davonflog. Der Knecht wollte auch so tun, sagte aber beim Abfahren: „Überall an!" So fuhr er wohl aus, stieß aber überall an und dieses so lange, bis er sich zerstoßen hatte und herunterfiel. (Neunburg) (SSO 1, 376 f.)

> Wer sei Nåsn überall drin håt, mouß si oft wischn.
>
> D' Rei (Reue) is a hinkader Buad (Bote), kummts heint niat, kummts margn.
>
> Döi Gaal, döi an Howan (Hafer) vodöina, kröign nan niat.

Bild: Kübra Kücükali / Angelika Suppes, Hauptschule Neutraubling, 8. Klasse

Druden

Die Druden sind Menschen, bei deren Taufe ein Fehler vor sich gegangen ist; die Folge dieses Fehlers ist, daß sie nachts lebende Wesen drucken müssen, auch wider ihren Willen; außer dem Drucken tun sie nichts Übles.

Der Glaube an das Dasein der Druden ist so allgemein in der Oberpfalz, daß es keinen Ort gibt, in welchem nicht ein Weib in dem Rufe stand, eine Drud zu sein. Um Roding gelten alte, dürre Weiber mit zerrütteten Haaren für Druden; hier hat sich aber der Begriff von Hexe und Drud vermischt.

Wenn sie drucken, sind sie wie Geister, denn sie legen ehvor ihren Leib ab. Sie kommen daher beim Schlüsselloch oder beim Fenster herein; letztere haben nämlich auf dem Lande ein kleines Zugloch, um den Dampf vom Kochen in der Stube abzuleiten; wenn es zu kalt ist, verstopft man sie.

So wie sie überall hinkönnen, vermögen sie auch die verschiedensten Gestalten anzunehmen; sie machen sich z.B. zu Strohhalm, Muffen, Federkiel, Besenreiser, Kehrwisch, Erbsen usw. Druden tun all ihre Geschäfte bei Nacht, weil sie auch im Finstern sehen.

Aber nicht bloß Weiber, auch Männer drucken; diese heißen Druderer und sind zugleich Breitensteiger; sie können auf jede Höhe, auf den Dächern, ja selbst an der Wand kletternd hinauf, fallen aber tot zusammen, so wie sie angesprochen werden.

Eine Drud hört alles, was man spricht, außer man endet mit dem Ausruf: „Drud, Saudreck vor die Ohren!"

Der Mittel, um das Drucken der Drud zu verwehren, sind verschiedene:

Man steckt ein Messer in die Türe, die Schneide aufwärts, damit die Drud nicht herein kann.

Gewöhnlich zeichnet man einen Drudenfuß, ein Drudenkreuz über die Türe, daß sie nicht hereinkönne, oder unten an die Bettlade, andere machen dieses Zeichen auf einen Zettel und legen diesen unter das Kopfkissen.

Wird der Geplagte während des Druckens von jemandem bei seinem Taufnamen angerufen, so weicht die Drud und kehrt zum Fenster hinaus (Amberg). Wenn man sagt: „Du bist die Drud", so nimmt sie dich bei der Hand und sagt: „So, jetzt bin ich erlöst, jetzt kannst du weiterdrucken!"

Auch der Besen, umgekehrt an die Stubentür gelehnt, läßt die Drud nicht ein.

(SSO 1, 208 ff.)

---

*Drudenfuß, Abwehrzeichen gegen alles Böse.
In einem Strich zu zeichnen, alle Spitzen geschlossen.*

Eine Magd legte sich immer sehr spät nieder. Dies fiel dem Knechte auf, der sie gerne sah. Eines Abends versteckte er sich hinter dem Kienofen, um die Dirne zu belauschen. Wirklich kam diese etwa gegen zehn Uhr herein, zündete drei Schleißen (harzreiches Holz, Kienspan) an, überschrieb sie (mit einem unheiligen Zeichen) und steckte sie in den Leuchter. Darauf ging sie hinaus. Wie nun die Schleißen bald verbrannt gewesen sind, zündete der Knecht drei neue an und überschrieb sie gerade so, wie die Dirne es getan.

Kaum war er wieder in seinem Versteck, so kam auch die Dirn, um nach den Spanleuchten zu schauen. Voll Verwunderung, sie noch brennend zu finden, sprach sie vor sich hin: „Nun muß ich wieder gehen und das Kind der Nachbarin noch gar erdrucken." Da schrie ihr der Knecht hinter dem Ofen hervor: „So bist du die Drud? Weil ich dich nur erwischt habe!" Sie aber rief entgegen: „O Herr, vergelt's Gott, weil ich nun erlöst bin! Jetzt kannst du zum Kinde gehen, du hast dir die Schleißen selbst angezündet."

Von nun an mußte der Knecht drucken und oft zwei bis drei Stunden herumlaufen, bis er jemanden erwischte, weil die meisten das Drudenkreuz über der Türe und an der Bettlade oder einen Spiegel auf dem Bette hatten. (Neukirchen, Bärnau, Neustadt)

(SSO 1, 219 f.)

Ein Mann konnte der Drud nicht ledig werden. Als sie ihn immer ärger plagte, erzählte er es einmal im Wirtshause zu Rittsteig, wie er gar keine Ruhe von der Drud habe. Da sagte die Wirtin zu ihm: „Wenn sie wieder kommt und du meinst, es geht die Türe auf, so rufe schnell: „Komm morgen früh wieder, ich leih dir was! So wird sie kommen müssen, und du bist frei. Und kannst du sie nicht anrufen, so tue es nach dem Drucken!"

Als er nun abends zu Bett lag, hörte er die Türe gehen, und in demselben Augenblicke druckte es ihn schon, so daß er nicht mehr sprechen konnte. Wie aber das Drucken nachließ, rief er schnell: „Komm morgen früh, ich leih dir was!" Des andern Tages lag er noch im Bett, da kam die alte Hausfrau, bei der er in der Miete war, im Unterrock, ein weißes Tuch um den Kopf, mit einer hölzernen Schüssel in der Hand, und bat ihn, ihr Asche zu leihen. Der Mann erkannte sogleich die Gestalt, die ihn seither so arg peinigte, stand auf, gab ihr die verlangte Asche, sagte aber dabei: „Gelt, zu Nachts kommst du nicht mehr!"

Da schüttete das Weib die Asche aus der Schüssel auf den Boden und ging zornig fort. Doch kam sie nie mehr nachts und redete niemals mehr ein Wort mit ihm.

(SSO 1, 222 f.)

Beim schöin Weda ka(nn) an äidaner (jeder) Noarr spaziern göih.

Der Toud maaht Tåg und Nacht.

Wem der Toud geigt, der braucht niat lang danzn.

Ma schüttlt koin Baam, der koine Äpfl hout.

Bilmesschneider

Der Bilmesschneider ist ein böses Wesen, welches in der Gestalt eines Mähers oder Schnitters mit einer Sichel, die golden ist, an bestimmten Tagen durch die Getreidefelder geht und die Halme anschneidet. Manchmal reitet er auch auf einem Geißbock, hat Hörner wie der Teufel und an jeder großen Zehe eine Schere, womit er die Felder von einer Ecke zur anderen durchschneidet. Wo der Bilmesschneider durchgegangen ist, wächst das Getreide ganz gut, eingebracht aber verschwindet es aus dem Stadel schon von den Garben oder nach dem Dreschen von den Körnern oder auch vom Mehle. Es gelangt unsichtbar zu dem bösen Nachbarn, der den Zauber geübt hat.

Der Bilmesschneider geht gewöhnlich an drei Tagen, meist am Fronleichnamstag, dann an Johannis und an Peter und Paul. (SSO 1, 426 ff.)

Ein alter Bauer, der durch den Bilmesschneider alljährlich viel an seiner Ernte verlor, ging einmal an einem jener Tage, wo der Bilmesschneider um die Felder geht, mit seinem großen Fanghunde hinaus auf seine Äcker und paßte ihn ab. Wie er den Bilmesschneider einherschreiten sah, hetzte er den Hund auf ihn. Dieser aber griff nicht an, sondern verkroch sich winselnd hinter seinem Herrn. Doch glaubte er, seinen Nachbarn erkannt zu haben, und solange dieser lebte, bekam er nie seine volle Ernte, wohl aber nach dessen Tode. (Roding) (SSO 1, 438)

Es waren zwei Nachbarn, wovon des einen Ernte immer mißriet. Zu diesem kam einmal ein Kapuzinerbruder auf das Sammeln, erhielt aber statt der Gabe den Bescheid, man könne ihm so lange nichts mehr geben, bis nicht der Bilmesschneider von den Feldern ziehe. Da riet der Bruder dem armen Bauern folgendes: „Sooft dich dein Nachbar dreschen hört und dich fragt „Was drischst du heute?", so sprich „Weizen!" Dafür aber legst du Tannenreisig auf die Tenne und drischst darauf. Dann gehst du vor der Sonne zum Nachbarn und fragst ihn, was er dresche, ob auch Weizen und schaust zugleich im Stadel nach. Dort wirf eine Handvoll gedroschener Tannenspitzen auf das Dreschzeug, das ebenfalls aus Tannenreisig und weißem Zieger (Quark), dem Kennzeichen des Bilmesschnittes, besteht, und erbiete dich zum Mitdreschen. Ferner, am St.-Peters-Tage, geh auf deinen größten Acker, grabe eine Grube, so groß, daß du hineinstehen kannst. Den Wasen aber wälze auf deinen Kopf, decke dich damit zu und lauere. Dann wirst du hören, wie zwei miteinander reden. Das eine ist der Teufel, das andere der Bilmesschneider. Dieser wird rufen: „Hallo, hilf!" – „Nein", wird der Teufel entgegnen, „es ist einer unter der Erde." Da wird der erstere vorwärtsgehen wollen, du aber steigst aus deinem Verstecke hervor und fängst deinen Feind!"

Der Bauer tat so und bekam seinen Nachbarn gefangen. Von da an war seine Ernte immer voll, und der Bruder, wenn er kam, erhielt wieder seine Gabe. (Falkenstein) (SSO 1, 438 f.)

Bild: Donika Sejdin / Haddis Asfan, Grundschule, Regensburg, 4. Klasse

Wilde Jagd

Sie zieht vorzüglich im Herbst bei Tag wie bei Nacht in rasender Eile. An der Spitze reitet der grüne oder wilde Jäger mit langem Bart, der mit Pfeifen das Zeichen zum Aufbruch und zugleich den Menschen auf dem Wege die Warnung erteilt, dann pfeift und bellt alles nach. Hunde, Katzen, Schweine schreien drein.

In der mittleren Oberpfalz wird sie folgendermaßen beschrieben: Der Wind erhebt sich zum Sturm, die Bäume fangen an zu krachen, der Sand am Wege wird in Wirbeln aufgedreht. Dann folgt die Jagd, ein wahres Treibjagen, so schreit und pfeift und klappert es. Dazu bellen, winseln und heulen junge und alte Hunde in großer Anzahl, in welche sich Vögel aller Art mit fürchterlichem Gequäxe mischen. Das Schreien der Treiber, das Hallo der Jäger und Knallen der Peitschen, verbunden mit Hörnertönen und anderer schöner Musik, wird übertönt vom Heulen des Sturmes. Es ist, wie wenn jeder der Jäger mit einem Stecken an jeden Baum anschlüge. Sie zieht nicht hoch über der Erde, weil die Sträucher und Büsche von der Eile, mit der sie durchreist, Wind geben und rauschen.
(SSO 2, 152)

Einer ging einmal nachts zwischen acht und neun Uhr von Kulmain nach Ebnath durch den Schwarzberg, da fällt ihm ein Hund mit lautem Bellen wie ein Ochs zu Füßen nieder. Diesem folgt eine Menge kleinerer Hunde, bald oben, bald unten, während ein fürchterlicher Sturmwind sich erhob. Der Zug kam auf dem Grate des Berges daher, ins Tal hinab und wieder hinauf, etwa zwölfmal vor ihm vorbei. Dabei hörte er die Laute von Hunden aller Art und ein Geräusch, wie wenn Gänse flögen. Bald bellten alle Hunde, bald einzelne, bald wieder alle zusammen. Der große aber schlug jedesmal zuerst an. Der Zug ging von Nordosten nach Südwesten wohl eine halbe Stunde lang. Es war auch, wie wenn Leute dabei wären, aber die Hunde überbellten alles. *(SSO 2, 157 f.)*

Bild: Damla Dönmez, Grundschule, Regensburg, 4. Klasse

Der Graf und die Gräfin von Natternberg fuhren alle Samstage und Sonntage auf die Jagd und schonten nicht die Fluren des Landvolkes. Da wollte sie einmal der Teufel mitsamt dem Berg und dem Schloß darauf, in dem sie wohnten, in die Donau werfen: Er lud alles auf einen Schubkarren und führte es dem Strome zu, als man in Deggendorf läutete; da mußte er weichen. Seitdem steht der Natternberg mit seinem Schlößchen hart an der Donau, und man sieht noch jetzt unten am Berge die beiden Schubkarrenbäume hervorstehen. Das gräfliche Ehepaar aber muß nach seinem Tode zur Strafe für sein wildes Jagen jede Woche in der Samstag- und Sonntagnacht als Nachtgload (Nachtgeleit) fahren. Sie sitzen in einem Wagen, mit vier Rappen bespannt, eine Meute Hunde voran, welche feurige Zungen ausstrecken und winselnd heulen. Der Zug geht immer denselben Weg, niemals zurück, von einem Holz bei Pfatter hinter Wolfersdorf hinum wieder ins Holz. Früher fuhr das Geisterpaar auch über des Pfarrers Acker, und am Morgen sah man die Furche in der Straße.

Das verdroß den Herrn, und er ging einmal hinaus und stellte das nachtfahrende Paar und befragte es, warum sie nicht auch wie andere ehrliche Leute auf der Landstraße oder im Hohlweg blieben, und verbot ihnen das Abweichen vom Wege. Da bekannte der Graf, ein großer, schwarzer, bärtiger Mann, was er im Leben verbrochen und wie er bis zum Jüngsten Tage so fahren müsse. *(SSO 2, 160 f.)*

Es ist noch nicht fünfzehn Jahre her, daß ein Knecht bei dem Bauern von Wolfersdorf, hinter dessen Hof das Nachtgload regelmäßig vorbeiging, nachts vor die Türe hinaus mußte. Er hatte bisher ein kaltes Leben geführt. Da nahm ihn das Nachtgload mit. Auf dem Wege ging es über einen alten, hohen Wald. Da sagte der Graf zu ihm: „Heb' die Füße auf, denn hier ist gar hoch geschnitten!" So wurde er in ein weites, warmes Land geführt, wo er schwarze Leute traf, welche Schnäbel hatten und eine Sprache redeten, die er nicht verstand. Er kannte sich nur in der Sonne aus und ging ihr nach und kam im zweiten Jahre heim. *(SSO 2, 161)*

Bei demselben Bauern hatten sie auch einen schwarzen Hund; den nahm das Nachtgload jedesmal mit, und am Morgen kam er, halb zu Tode gehetzt, wieder auf den Hof. Man sperrte ihn oft ein. Dann erhob er aber nachts ein solches Heulen, daß man ihn gerne laufen ließ. *(SSO 2, 161)*

Feurige Männer

Der feurige Mann sah aus von vorn wie ein anderer Mensch, hinten war er ausgemöltert (ausgehöhlt). Gesicht und Leib waren schwarz, die Augen feurig; er trug ein ganzes Kleid, Goller (Jacke) und Hose aus einem Stücke, auf dem Kopfe einen Hut. Er konnte sich himmelhoch machen, aber auch ganz klein, wie denn die feurigen Männer an heiligen Abenden auf Weichselbäume hüpfen. War er gezahlt, so mußte er zünden. (SSO 2, 96 f.)

Der Vetter der Erzählerin zu Lixentöfering fand, wenn er vom Wirtshaus heimgehen wollte, stets den feurigen Mann auf dem Wege, um ihm heimzuleuchten. Er nahm nichts dafür, nur einmal mußte der Vetter vor der Haustüre niesen. Der feurige Mann sagte: „Helf Gott!" Der Vetter hinwieder: „Gelt's Gott." Da sprach der feurige Mann: „Nun bin ich erlöst und leuchte dir fürder nicht mehr."
(SSO 2, 94)

Der Urahnharl des Erzählers hatte gar oft Kohlen zu fahren von Ranahof nach dem Hammer Loidersdorf bei Ensdorf. An heiligen Zeiten kam der feurige Mann im Walde zu ihm hin und schüttelte sich, daß die Funken davon flogen. Dann redete ihn der Kohlenbrenner an: „Wie, geh her und zünde mir!" Und warf ihm drei Heller – denn es muß eine ungerade Zahl sein – vor die Füße als Lohn hin, worauf der Geist ihm den ganzen Weg entlang zündete. Manchmal erlaubte sich der Mann einen Scherz und schalt den Geist: „Geltenscheißer oder Blecharsch!" Da rugelte (sprang) er ihm auf, und er mußte ihn tragen, solange der Weg dauerte, und so schwer, daß er vermeinte, Himmel und Erde liege auf ihm. Doch konnte er ihn vertreiben, wenn er die heiligen Namen aussprach. (SSO 2, 96)

Bild: Enes Güven, Hauptschule Neutraubling, 5. Klasse

Teufel

Der Teufel zeigt sich gewöhnlich in der Gestalt eines Jägers in grüner Kleidung, kann aber siebzigerlei Gestalten annehmen, darunter vor allem die eines schwarzen Pudels, einer schwarzen Henne, einer Dohle und Krähe, eines Raben. Den Teufel als Jäger kennzeichnet, daß er hinkt. Dies kommt davon, daß er einen Bocks- oder Pferdefuß, manchmal beide zugleich hat. Auf dem Kopf steht ihm ein Horn hervor, manchmal deren zwei, doch nicht groß, so daß er sie leicht mit seinem grünen Hut von der Größe eines Butterfasses verbergen kann. Er trägt viele Namen, denn man soll ihn nicht beim rechten Namen nennen, außer man setzt bei: „Gott sei bei uns" oder „Gott behüte und bewahre uns!" Solche Benennungen sind: der Böse, der Garandere, der Spani-, Spadi-, Spari-, Sperifankerl, der Guzigagl, der Drack, der Hollabirbou (Holunderbeerbube), der Hörlseph, der Schrötl, der Urahnl, der Hörlmayer. Der Teufel zeigt sich besonders auf Kreuzwegen, in dichten Wäldern, in alten Türmen und Burgruinen und in Felsenhöhlen. Viele Steine heißen von ihm Teufelssteine. Er hat sich dort gezeigt und seine Spur hinterlassen.
(SSO 3, 39 f.)

Ein Bauer hatte sich dem Teufel verschrieben unter der Bedingung, daß dieser ihm den Stiefel, einen Boinling, den er zu Hause durch die Stubendecke in die Stube herabhängen ließ, mit Geld fülle. Heimlich aber hatte er die Sohle davon weggeschnitten. Da konnte der Teufel nicht genug zutragen: Der Stiefel wurde nicht voll. Erst als er die letzten paar Gulden einer alten Witwe gebracht hatte und nichts mehr auftreiben konnte, merkte er, daß er geprellt sei, und zog beschämt ab.

Wenn der Böse Geld bringt, nimmt er es den Wucherern, um sie noch geldgieriger zu machen. (Erbendorf) (SSO 3, 61)

Bild: Veronika Eichenseer, Grundschule Regensburg, 4. Klasse

Der Teufel und der Besenbinder

Märchen zu einer Teufelssage

Es war einmal ein Förster, der hat seinen Wald nicht mehr überkommen (überwachen) können, es ist ihm allzu viel Holz gestohlen worden. Darüber hat er so geflucht, bis der Teufel kam und ihn fragte, was ihm fehle. „Kommst mir gerade recht", antwortete der Förster „den Wald übergebe ich dir und alle Leute, die da stehlen." Der Teufel ging nun in den Wald wie der Förster und erwischte sogleich und zunächst einen Besenbinder, der Birkenreiser schnitt. „Halt, du gehörst mir", schrie der Teufel und packte den Besenbinder beim Schopf. Der aber fiel auf die Knie und bat, ihn nur dieses Mal laufen zu lassen, Weib und Kind zu Hause müßten sonst verhungern. Da sagte der Teufel: „Weißt was, in drei Dingen mußt du mit mir eine Wette eingehen; gewinnst du sie, sollst du frei von dannen gehen. Zuerst mußt du mit mir um die Wette laufen."

„Recht", sagte der Besenbinder, „aber meinen Alten mußt du auch mitlaufen lassen." Zunächst der Staude saß aber ein Hase. Der Teufel lief, der Besenbinder klopfte auf die Staude, und der Hase sprang heraus und lief dem Teufel voraus.

„Jetzt", sagte der Teufel, „mußt du mit mir auf einen Baum steigen: „Wer zuerst oben ist, der gewinnt." „Recht", erwiderte der Besenbinder, „aber meinen Jungen mußt du auch mitsteigen lassen." Da standen zwei dürre, himmelhohe Bäume. Im Busche aber saß ein Eichhörnchen. Der Teufel fing zu steigen an, der Besenbinder stieß in den Busch, und das Eichhörnchen sprang flugs zuhöchst auf den dürren Baum, dem Teufel weit voraus.

„Jetzt", sagte der Teufel zornig, „mußt du diese Eisenkugel höher werfen als ich." Er nahm nun die Kugel und warf sie so hoch, daß sie über die Wolken hinauffuhr, und als sie niederfiel, ein Loch in den Boden schlug. Der Teufel grub sie heraus und gab sie dem Besenbinder in die Hand, damit er sie werfe. Der aber konnte sie kaum in der Hand halten, so schwer war sie. „Heiland der Welt", rief er voll Angst, „hilf, daß die Kugel über den Wolken hängen bleibt!" „Halt", schrie der Teufel voll Entsetzen, „gib mir meine Kugel wieder, ich dürfte ohne sie nicht mehr in die Hölle", und lief davon. (Neuenhammer)

(SSO 2, 75 ff.)

Bild: Tobias Sowada, Hauptschule Neutraubling, 7. Klasse

Der Wundervogel und die beiden Bettelknaben

Ein Besenbinder hatte eine Tochter. Er ging einmal in den Wald, um Reiser für Besen zu holen. Es lief aber immer ein kleines Vögelein vor ihm her. Dieses fing er und trug es nach Hause und setzte es in einen Käfig, wo es so schön und lustig zu singen begann, daß man niemals dergleichen gehört hatte.

Eines Morgens wollte der Besenbinder es füttern. Sieh, da lag ein Ei in dem Käfig, das aussah wie von Gold.

Das Ei mußte die Tochter auf den Markt tragen. Wie sie nun so dasaß, kam ein großer Herr und sah das Ei und fragte, wie teuer es sei. Das Mädchen aber versicherte ihm, er werde wohl selber wissen, wieviel das Ei wert sei, und der Herr gab ihm einen Beutel voll Gold. Sie nahm ihn voller Freude und ging nach Hause.

Des anderen Tages legte das Vögerl wieder ein Ei. Das Mädchen trug es wieder auf den Markt, und der Herr kam wieder und gab ihm diesmal zwei Beutel Goldes. Zugleich fragte er, ob denn das Vögerl nicht feil wäre. „O ja", war die Antwort, wenn es gut bezahlt wird.

So kaufte der Herr den Vogel um teures Gold und gab so viel, daß der Besenbinder sein Geschäft aufgab und mit seiner Tochter fröhlich leben konnte.

Wie indessen der Herr zu Hause das Vögelchen im Käfig hatte, sang es nichts mehr, sondern wurde ganz traurig, fraß nichts mehr und starb. Dies war dem Herrn sehr leid. Er nahm es aus dem Käfig heraus, um zu sehen, was ihm denn gefehlt habe. Da bemerkte er, daß in dem Schnabel ein Zettelchen hing, worauf geschrieben stand: „Wer meinen Kopf ißt, der soll alle Nacht einen Beutel Goldes unter seinem Haupte finden, und wer mein Herz ißt, der soll König im Lande werden."

Der Herr, voll Freude, ließ sich sogleich den Vogel braten. Während aber die Köchin damit beschäftigt war, ihn am Bratspieß zu braten, kamen zwei Bettelbuben herein, welche um Speise für ihren Hunger baten. Die Köchin hieß sie warten, bis sie fertig wäre. Wie sie nun ihr so zur Seite standen, fiel ein kleines Stückchen von dem Bratspieß herab. Der größte der Buben bückte sich, nahm es und verzehrte es. Nach einer Zeit fiel wieder ein Stückchen ab, worauf die Köchin nicht achtete, und nun bückte sich der Jüngere danach und aß es. Die Stückchen aber, die abgefallen, waren der Kopf und das Herz des Vogels.

Wie nun der Vogel ausgebraten war, setzte ihn die Köchin auf den Tisch, und der Herr aß ihn und war guter Laune. Da er aber am anderen Tag aufstand und unter dem Kopfkissen den gehofften Beutel Gold nicht fand, wurde er sehr traurig.

Indessen waren die dummen Kinder ihres Weges gegangen, und wie die Nacht hereinfiel, baten sie einen Bauern um Herberge, welcher sie auch aufnahm und ihnen im Stall Stroh zum Lager anwies. Als sie in der Früh aufwachten, hatte der Ältere einen Beutel voll Gold unter dem Kopf, und da sie der Meinung waren, der Bauer habe bloß ihre Ehrlichkeit prüfen wollen, gaben sie diesem den Beutel. Er nahm das Gold und wollte die Knaben bei sich behalten. Sie aber sagten, sie wollten ihr Glück weitersuchen, und gingen fort.

In der zweiten Nacht kehrten sie wieder bei einem Bauern ein, und es geschah dasselbe wie vorher. Der Bauer gab ihnen einige von den Goldstücken in dem Beutel auf den Weg, welche sie aber für Dantes (Tand, wertlose Münzen) hielten.

Bild: Denise Gasteiner, Volksschule Seubersdorf, 5. Klasse

Die Sache mit dem Beutel kam ihnen gleich etwas sonderbar vor, und so übernachteten sie diesmal in einem Kornacker, und wieder hatte der ältere Knabe am Morgen den Beutel voll Gold unter dem Haupte. Sie behielten ihn dieses Mal, da sie niemanden sahen.

Nun kamen sie in eine Stadt. Es war aber die Schule aus, und die Schulknaben unterhielten sich auf der Gasse, mit Dantes zu scheckeln (spielen). Die beiden Brüder baten nun, man möge sie auch mitspielen lassen. Es wurde ihnen gestattet, und sie verloren alle ihre vermeintlichen Dantes an einen Kaufmannssohn, der freudig nach Hause ging und das Gewonnene seinem Vater zeigte. Der verlangte sogleich zu wissen, woher er die Goldstücke habe, und als ihm die Bettelknaben genannt wurden, dachte er, es müßten Diebe sein, und ging sie aufzusuchen. Er fand sie auch noch auf der Straße.

Der Kaufmann nahm die Knaben mit sich nach Haus, und als er erfuhr, wie sie zu dem Golde gekommen wären, so behielt er sie bei sich und hielt sie wie rechte Kinder. Und alle Morgen fand er unter dem Kopfe des Älteren den Beutel von Gold und wurde so in kurzer Zeit der reichste Mann der Stadt. Die Knaben waren aber sehr fleißig, und der Ältere brachte es auch bald so weit, daß ihn der Kaufmann in seinem Geschäft gut brauchen konnte.

Nun war der König des Landes ohne Erben verstorben, und die Beamten des Reiches erließen den Befehl, daß alle Jünglinge der Stadt zwischen 18 und 24 Jahren an einem bestimmten Tag zum Rathaus kommen sollten. Es würde dort eine Taube losgelassen werden, und auf wessen Kopf sie sich niederlassen würde, der solle König im Lande sein.

Die Jünglinge kamen nun an dem bestimmten Tage festlich gekleidet zusammen, und es wurde die Taube ausgelassen. Sie setzte sich aber nirgends nieder, sondern flog unruhig im Saale herum. Da fragte man dann, ob alle Jünglinge erschienen wären, und siehe, es fehlten die beiden angenommenen Kinder des Kaufmannes. Man ließ sie daher sogleich holen, und als sie eintrafen, ließ sich die Taube sogleich auf dem Haupte des Jüngeren nieder, und sooft man sie auch fortjagte, sie kam immer wieder.

Also wurde der Jüngere für den König des Landes anerkannt, der Ältere aber verließ den Kaufmann und wurde der reichste Mann des Landes.
(Nachlaß, 202 257)

Die Geldmühle

Ein Müller war brav und kein Dieb und darum ganz arm. Er hatte Schulden, wenig Malter (Mahlgut) und nicht viel zu essen. Sein Nachbar, ein Bauer, war ein geiziger Geldsack, der hatte Vieh und Schweine und schlachtete ein solches zu Fastnacht. Als das Schwein schrie und die Wurstsuppe die Armen anlockte, nahm auch der Müller sein Töpflein, ging zum Nachbarn und wollte von ihm eine Wurst und die Brühe davon. Der Bauer wies ihn aber ab.

Da ging der Müller traurig hinweg. Unterwegs stand plötzlich ein Männlein vor ihm, das zog unterm Mantel eine winzige Handmühle hervor und reichte sie dem Müller mit den Worten: „Mahle dir mit dieser Mühle Geld, aber nur so viel, als du brauchst." Der Müller tat nach dem Befehl und kam bald zu mäßigem Wohlstand.

Sein Nachbar, der Bauer, erfuhr dies und wollte die Geldmühle von seinem Nachbarn ausleihen. Er bettelte so lange, bis der Müller sie ihm gab. Hilf Himmel! – wie fuhr der Bauer über das kleine Mühlchen her! Ohne Schlaf und Rast trieb er es, bis kein Platz mehr fürs Geld im Hause war.

Aber jetzt kam ein Ungetüm, das griff nach der Mühle und dem Bauern, und im Nu war alles fort und vom Bauer und seinem Gelde nichts mehr zu sehen.
(Nachlaß, 202 054)

Der Zaunkönig

Einst kamen alle Vögel zusammen, um sich einen König zu wählen. Sie machten aber aus, daß der ihr König sein sollte, der am höchsten fliegen könne. Darauf begann der Wettbewerb, und der Adler flog am höchsten hinauf. Der Zaunkönig aber hatte sich auf seinen Buckel gesetzt, denn er war nur so klein, daß ihn der Adler gar nicht spürte. Als der Adler nun wieder herunterkam, flog der Zaunkönig geschwind auf und zwitscherte ein paarmal über ihm. Jetzt war er König. Die anderen Vögel aber wurden sehr zornig, als sie sahen, daß gerade ihr Allerkleinster ihr König sein sollte. Nur weil er sie so bettelte und versprach, niemandem etwas davon zu sagen, ließen sie ihn am Leben. Er mußte ihnen aber versprechen, nie wieder so hoch hinaufzufliegen. Seitdem fliegt der Zaunkönig nur noch unter den Zäunen herum.
(Röhrich, 208)

Äi (je) kloiner der Herr, äi häiher der Hout.

Wie ein Gärtnerssohn die schöne Prinzessin gewann

Es war einmal ein Gärtner bei einem König, der hatte einen Sohn, aber er wollte nicht gut tun. Da sagte der Vater: „Mach, daß du fortkommst, vielleicht erzieht dich die Welt." So ging der Hans in die weite Welt und kam gegen Abend in einen wilden Wald. Im dichten Gebüsch bemerkte er ein altes Schloß. Weil er gar hungrig war, ging er voll Freuden darauf zu. Er trat ein, durch viele Zimmer, sah niemanden, hörte niemanden. Müde und matt setzte er sich in einem Zimmer nieder. Da kam eine schwarz gekleidete Frauengestalt, setzte ihm Speise und Trank auf den Tisch, deutete auf ein Bett und ging schweigend wieder hinaus. Um Mitternacht aber, als er schon zu Bette lag, kam ein wilder schwarzer Mann herein, der ihn eine Stunde lang würgte und quälte.

Am Morgen darauf kam dieselbe Frau, nun grau gekleidet, und brachte ihm wieder Essen und Trinken für den ganzen Tag, ohne ein Wort zu sprechen. In der zweiten Nacht aber kamen zwei Männer und quälten ihn noch mehr als der erste. Da wollte er nicht mehr bleiben und packte am Morgen zusammen, als die Frau, heute in Weiß gekleidet, hereintrat und ihn ansprach, er möge doch noch eine Nacht hier zubringen, es werde sein Schaden nicht sein. Die Mitternacht aber brachte ihm noch ärgere Qualen. Es waren drei Männer, die ihn schlugen und stießen, in die Höhe warfen und wieder fingen, bis die Stunde um war und die glänzend weiße Frau unter Donner und Blitz die Wichte vertrieb. Sie war eine verwunschene Prinzessin und nun erlöst. Zum Danke wurde Hans ihr Gemahl. Er ward herrlich gekleidet, hatte viele Diener und der Schätze eine unzählige Menge.

In seinem Glück gedachte er doch manchmal der Not des Vaters und bat daher die Prinzessin, ihn auf einige Zeit ziehen zu lassen. Sie war zwar nicht dagegen und gab ihm einen Ring, den er in Not drehen sollte, damit sie ihm zu Hilfe komme, warnte ihn aber, in der Ferne nicht nach ihr zu verlangen. So zog er als Prinz mit großem Gefolge der Heimat zu und stellte sich dem König vor, der sich freute, einen solchen Gast zu haben.

Um ihn zu ehren, veranstaltete er auch sogleich einen großen Ball, zu dem er alle seine Vasallen entbot. Hans ging nun in den Garten und traf seinen alten Vater bei mühevoller Arbeit. Er fragte ihn um seine Lage und seine Kinder. Der alte Mann weinte, als er von einem ungeratenen Sohn erzählte, der nichts mehr von sich hören lasse. Da gab ihm Hans so viel, daß er genug haben konnte, und kehrte bewegten Gemütes in die Königsburg zurück. Als nun der Tag des Festes da war, kamen die Vasallen alle mit ihren Frauen, und beim Tanze tanzten alle, nur Hans nicht, da er keine Frau hatte und die Ritter auf seine Schönheit eifersüchtig waren, daß sie ihre Frauen nicht mit ihm tanzen ließen. Da ward er zornig und höhnte die Ritter, daß alle ihre Frauen seiner Gemahlin an Schönheit nicht nahe kämen, und als sie dieses spöttisch bezweifelten, drehte er seinen Ring und versprach binnen einer Stunde den Beweis zu führen. Wirklich fuhren Wägen vor, und Hans, oder vielmehr der Prinz, führte seine Gemahlin am Arme in den Saal. Wenngleich etwas übelgelaunt, strahlte sie doch vor allen an Schönheit.

Als das Fest zu Ende war und alles zur Ruhe ging, grollte die Prinzessin und wollte sich nicht versöhnen lassen. Und als es Morgen war und Hans erwachte, fand er sich allein, und seine alten Kleider lagen auf dem Bette, und unter demselben standen ein Paar eiserne Schuhe, daneben ein Zettel mit den Worten: „Zur Strafe verlasse ich dich, suche mich nicht, denn du wirst mich nicht finden, und solltest du diese Eisenschuhe durchgehen." Vergebens drehte er an seinem Ringe, er war vertauscht. Um der Schande zu entgehen, entwich er eiligst aus der Burg und suchte überall die Spur der Entflohenen, jedoch vergebens. Er fand nicht einmal mehr das Schloß, wo er so glücklich gelebt hatte.

Wie er einmal so wanderte, sah er auf einem Berge drei raufen; sie konnten sich über eine Teilung nicht einig werden; es waren freilich drei kostbare Dinge, unter welchen die Wahl schwer wurde, nämlich ein Beutel, der sich immer mit Geld füllte, ein Paar Schuhe, in welchen jeder Schritt hundert Meilen führt, und ein Mäntelchen, welches den, der es umhing, unsichtbar machte. Hans erbot sich, den Streit zu schlichten, wollte aber vorerst die Wahrheit erproben. Er nahm also den Beutel und schüttelte ihn öfter aus, er war immer voll. Er zog das Mäntelchen an und wurde nicht mehr gesehen. Da schlüpfte er schnell in die Schuhe und flog mit dem Beutel davon. Wie er so daherschritt, sah er vor sich ein Männchen laufen, es war der Wind, der in einer Stunde in der Stadt sein mußte, um die Wäsche der Prinzessin, welche Hochzeit halten wollte, zu trocknen. Sagte der Hans: „Halt, wir gehen zusammen." Der Wind aber blieb weit zurück. Da ließ Hans ihn das Ende einer langen Schnur festhalten, welche er in der Hand hatte, und so kamen sie nicht mehr auseinander. Wie nun der Wind zur Stadt kam, fuhr er gleich in die Wäsche und blähte sie auf.

Hans aber, obwohl schlecht gekleidet, ging in das erste Gasthaus und setzte sich an den ersten Tisch. Der Wirt beachtete ihn kaum. Als Hans ihm eine Handvoll Geld zuwarf, wurde alles aufgeboten, ihn nach Willen zu bedienen. Aus den Gesprächen erfuhr er zugleich, daß die Prinzessin, welche morgen Hochzeit halte, seine Gemahlin sein müsse. Er stellte sich nun während der Trauung in seinem Mantel hinter das Altärchen und schlug dem Geistlichen das Buch aus der Hand. Er versetzte jedes Mal, wenn der Bräutigam ja sagen wollte, ihm einen derben Schlag auf den Mund, daß es in der Kapelle widerhallte. So konnte die Trauung nicht vollendet werden. Gleichwohl gingen alle zum Mahle. Hans stand unter den Bettelleuten, und sooft die Diener Speisen und Getränke vorbeitrugen, nahm er es ihnen unsichtbar ab und verteilte es seinen Nachbarn. Einmal aber fiel sein Ring zu Boden, ein Diener bemerkte es, hob ihn auf und brachte ihn der Prinzessin, weil ihr Namenszeichen darin eingegraben war. Da ließ die Prinzessin sogleich den Hans vor sich kommen, und die Bettelleute hatten große Freude, daß einer aus ihrer Mitte so hoher Ehren teilhaft wurde. Da wies Hans seine Eisenschuhe, die gleichwohl nicht durchgegangen waren. Beide Eheleute versöhnten sich und hielten erst recht Hochzeit.
(Neukirchen St. Christoph) *(Nachlaß, 202 993)*

> Wås d' Augn sehgn, glaabt 's Herz.
>
> Vüagl (Vögel) und Kin(d)er sitzn frei aaf.

Die drei Königstöchter

Es war einmal eine böse alte Hexe, welche drei Prinzessinnen geraubt hatte und bei sich in ihrer Höhle zurückbehielt. Sie unterrichtete sie auch in ihrer Kunst, und besonders war es die Jüngere, welche hierin großen Fortschritt machte.

Da verirrte sich auch eines Tages ein Königssohn und kam in die Höhle und bat um Nachtherberge. Die Alte nahm ihn freundlich auf. Von den drei Königstöchtern, welche tief verschleiert waren, durfte keine weder mit ihm noch mit den andern reden.

Der Königssohn merkte nun bald, in welchen Händen er sich befinde, und hierin bestärkten ihn die wehmütigen Blicke, welche die Augen der Jüngeren verstohlen zu ihm herüberwarfen. Dieser gelang es indessen doch, einen kurzen Augenblick wahrzunehmen und den Prinzen zu warnen. Denn die Hexe hatte im Sinn, den Prinzen, wenn er in tiefem Schlafe wäre, umzubringen.

Wie nun die Hexe aber mit ihren beiden Schwestern aus der Höhle getreten war, um dem Prinzen das Nachtlager zu bereiten, so riet ihm die Jüngste, wenn er in seine Schlafkammer geführt werde, ja nicht gerade hineinzugehen, sondern über die Schwelle mit einem Sprung wegzusetzen. Das weitere werde sie ihm später mitteilen. Ferner werde ihm die Alte einen Becher zum Trinken reichen. Er solle aber nicht trinken, denn er enthalte einen Schlaftrunk, sondern den Inhalt des Bechers in seinen Stiefel gießen, und damit es niemand sehe, wolle sie das Licht beim Putzen wie aus Ungeschicklichkeit auslöschen. Damit aber die Alte nichts ahne, solle er sich gleich darauf recht schläfrig stellen und zu Bette verlangen. Sie selber werde ihm dann leuchten, und wenn er über die Schwelle springe, das Licht auslöschen, damit die böse Hexe nichts gewahr werde. In der Kammer aber soll er sich nicht in das Bett, sondern unter die Bettlade legen und alles Übrige ihr überlassen.

Wie es nun schon spät war, schickte die Alte zwei der Königstöchter zu Bette, die dritte aber, die Jüngere, behielt sie zurück. Dann bot die Alte dem Königssohn den Becher mit Wein: die Prinzessin löschte währenddessen das Licht aus, und der Prinz goß den Schlaftrunk in seinen Stiefel. Der Prinz stellte sich auch schläfrig und verlangte, in seine Schlafkammer geführt zu werden. Die Alte befahl nun der Prinzessin, ihm zu leuchten und bei ihm zu bleiben, denn aus ihrer Augensprache hat sie schon ersehen, daß sie sich gut verstehen würden.

Nun geschah alles, wie die Prinzessin es angeraten hatte, und als die Alte während kurzer Zeit darauf auch eingeschlafen war, entfloh die junge Prinzessin mit Hilfe ihrer Zauberkünste mit dem Königssohn.

So waren sie in der Luft schon mehrere Stunden fortgetragen worden, als es Tag wurde. Da sah sie um und rief: „Wir werden schon verfolgt. Nun müssen wir auf der Hut sein!" Wirklich hatte die Hexe, als sie erwacht war und den Prinzen und die jüngste Prinzessin nicht mehr fand, sogleich geahnt, was vorgefallen sein müsse, und die eine der beiden anderen Königstöchter ausgeschickt, sie einzuholen und zurückzubringen.

Bild: Daniel Rose, Hauptschule Neutraubling, 6. Klasse

Wie nun die Gefahr immer näher rückte, so sagte die Prinzessin: „Ich verwandle mich nun in einen Rosenstrauch und dich gestalte ich zur Rose, so wird sie auf das nicht achthaben und vorüberziehen. Denn der Geruch der Rose ist ihr zuwider."

Als nun die nachsetzende Königstochter an den Platz kam, wo sie die Flüchtigen soeben noch gesehen hatte, nun aber nicht mehr sah, hielt sie stille, schaute sich einige Male um und kehrte dann wieder zurück. Da fragte sie die Alte, ob sie denn die Flüchtigen nicht gesehen habe. „Jawohl", war die Antwort, „gesehen habe ich sie, wie ich aber hinkam, wo ich sie zuletzt gesehen, so ward nur mehr ein Rosenstrauch mit einer einzigen Rose da."

„O du dummes Mädchen", zürnte die Alte, „hättest du doch die Rose abgerissen, so wäre der Strauch schon von selbst nachgegangen." Sie schickte also die älteste Prinzessin mit gleichem Auftrage ab.

Mittlerweile hatte das entflohene Paar seine wirkliche Gestalt wieder angenommen und setzte seinen Weg fort, als die Prinzessin sich einmal umsah und die Verfolgerin erblickte. Sie war jedoch schnell entschlossen und sagte zum Prinzen: „Ich mache mich jetzt zur Kirche, und du steigst auf die Kanzel und hältst eine drohende Rede wider die Hexen und ihre Künste."

Wie nun die nacheilende Prinzessin herbeikam und schon meinte, die Flüchtigen fassen zu können, da sah sie vor sich eine Kirche und in der Kirche auf der Kanzel einen Prediger, welcher mit Eifer gegen Hexen und Hexenkünste sprach. Darüber kehrte sie um, und als die Alte sie fragte, ob sie nichts gesehen hätte, erwiderte sie: „Ja, gesehen habe ich sie wohl, aber wie ich hinkam, stand eine Kirche vor mir, und in derselben predigte einer eifrig gegen die Hexen." „O du törichtes Ding!" fuhr sie die Alte an, „hättest du nur den Prediger von der Kanzel heruntergestoßen, die Kirche wäre schon selber nachgekommen. Nun will ich ihnen nach, mir sollen sie nicht entgehen."

Das fliehende Paar aber hatte wieder seine vorige Gestalt angenommen und war wieder weitergeführt worden, als die Alte hinter ihnen herkam. Da klagte die Prinzessin über große Not, in der sie wäre, denn gegen die Meisterin werde ihre Kunst wohl nicht ausreichen.

„Gib mir nur schnell dein Schwert", sagte sie, „ich mache mich nun zu einem Teich, dich zu einer Ente. Bleib ja immer in der Mitte des Wassers, wie sehr sie dich auch locken mag. Denn sonst sind wir beide verloren."

Die Alte gab sich auch alle Mühe, die Ente zu locken, mit guten, kosenden Worten, mit guten Bissen, die sie ins Wasser warf, aber umsonst. Die Ente ging nicht näher, sondern blieb immer in der Mitte des Wassers.

Da legte sich die Alte auf den Damm und zog das Wasser des Teiches in sich. Die Prinzessin war nun in dem Leibe der Hexe, nahm ihre Gestalt an und schnitt mit dem Schwerte, das sie entlehnt hatte, diese auf, so daß die Hexe tot dalag.

So waren beide gerettet. Sie reichte dem Prinzen am Altare die Hand und lebte lang und vergnügt mit ihm wie auch mit den beiden Schwestern, deren Zauber gleichfalls gelöst war. *(Nachlaß, 202 985)*

Prinz Goldhaar

Ein König hatte einen Sohn mit Goldhaar. Einmal zog der König in den Wald zur Jagd und sah einen wilden Riesenmann an einem Baum lehnen. Er blies ins Horn und rief sein Gefolge und fing den wilden Mann. In großer Freude darüber veranstaltete er ein Fest und lud viele Könige dazu ein.

Goldhaar aber spielte mit dem Ball und warf ihn dem Wilden im Gefängnis zu. Der tat desgleichen entgegen, behielt aber zuletzt den Ball und warf ihn nur zurück, als Goldhaar ihm versprach, ihn zu befreien. Als der Vater des Prinzen schlief, schlich er hinzu, nahm den Schlüssel von der Kette an seinem Halse, entließ den Wilden und tat den Schlüssel wieder an die Kette am Halse des Königs.

Das Fest begann. Die Könige saßen im Saal. Der wilde Mann sollte hereingebracht werden. Der war aber nicht mehr zu finden. Da fuhr der König auf und schwur, den Frevler zu strafen und sollte es sein eigen Fleisch und Blut sein.

Einer wußte davon und verriet den Goldhaar. Der König zerriß sein Kleid, verstieß seinen Sohn aber zum Tode, daß er ferne in der Wildnis hingerichtet werde und zum Zeichen Zunge, Auge und Goldfinger zurückgebracht würde.

Die Knechte, die den Goldhaar hinausführten, reute das junge Leben. Sie sannen auf Mittel. Da saß am Walde ein armer Hirtenknabe mit einem großen Hund. Den Knaben winkten sie herbei und sagten zu ihm: „Gefallen dir die reichen Kleider von dem da? Du kannst sie haben für deinen Hund und deinen kleinen Finger."

Der Knabe biß sich selbst den einen Finger ab und tauschte mit Goldhaar die Kleider. Die Knechte aber nahmen die Zunge und das Auge vom Hund und den Finger vom Hirtenbuben und brachten alles dem König. Goldhaar behielt nur ein weißes Tuch. Mit dem verhüllte er den Kopf und ging weit und weit in ein fremdes Land hinein und kam zu einem Gärtner, der den Knaben in Lumpen nicht behalten wollte. Doch ließ er es endlich zu und gewann ihn lieb.

Der Gärtner mußte alle Tage den drei Töchtern des Königs Blumensträuße bringen. Goldhaar band sie und überbrachte sie, und weil die junge Prinzessin die Schönste war, so band er ihren Strauß stets mit einem Goldhaar. Das gefiel ihr und bald der Gärtnerknabe selbst.

Einmal wurde ausgerufen, die ältere Tochter des Königs wolle heiraten und den zum Manne nehmen, dem sie den Blumenstrauß gibt. Es kamen viele Königssöhne zusammen. Sie wählte einen

Prinzen aus. Dem gab die Prinzessin den Blumenstrauß und sie zog mit ihm in sein Land.

So geschah es später auch mit einem anderen Prinzen und der zweiten Prinzessin des Königs.

Als auch die jüngste Prinzessin herangewachsen war, veranstaltete der König das nämliche Fest. Sie hatte aber einen ganz mit Goldhaar umwundenen Blumenstrauß und sah sich unter den vielen Prinzen um. „Es ist keiner da", sagte sie. So ließ der König Ritter und Adelige zusammenkommen, und auch da rief die Prinzessin: „Es ist keiner da!" Da wurden Bürger und Handwerker gerufen. Die Prinzessin ging durch ihre Reihen. Zuletzt fand sie darunter den jungen Gärtner, und diesem reichte sie den Blumenstrauß. Die Prinzessin heiratete den jungen Gärtner und zog in seine Hütte.

Bald darauf wurde der König krank, und es wurde ausgerufen, daß ihm ein paar Paradiesäpfel allein helfen können. Alles ging und suchte nach Paradiesäpfeln, auch der junge Gärtner. Der kam in einen Wald, und da fand er den wilden Riesenmann. „Ich weiß schon", sagte dieser zu ihm, „was du suchst. Hier nimm das Stäbchen und schlag damit an jenen Fels. Das weitere aber tu eilig, sonst bist du verloren!" Der Gärtner nahm das Stäbchen und ging zum Fels und schlug daran. Er sah vor sich einen Zaubergarten in hellem Sonnenlicht, voll Bäumen und Gesträuchen mit Gold- und Silberlaub und Früchten aus Edelsteinen. In der Mitte aber stand der Paradiesapfelbaum. Zu diesem lief er hin, riß zwei Äpfel von den Zweigen, und es kam ein solcher Duft über ihn, daß er fast von Sinnen kam. Aber er lief zurück und kam noch eben recht. Das Felsentor rollte und schlug hinter ihm zusammen.

Unterwegs in einem Wirtshaus kehrte er ein und sah da seine zwei Schwäger, die ihn nicht kannten; denn er tat das Tuch nie vom Kopfe herab. Die hätten gerne die Paradiesäpfel gehabt. „Warum nicht", sagte der Gärtner, „wenn ihr euch den Galgen auf den Buckel brennen laßt." Sie willigten ein. Es geschah, und der Gärtner ging wieder heim.

Nicht lange darauf ward der König wieder krank und es hieß: „Schlangenmilch kann ihm helfen." Der Gärtner ging wieder und kam zu dem wilden Mann und bekam auf gleichem Wege wie die Paradiesäpfel zwei Tröpflein Schlangenmilch von der wunderschönen Schlangenkönigin im Palast des Zaubergartens. Auch diese wollten seine Schwäger im Wirtshause haben. Er gab sie ihnen nur unter der Bedingung, daß sie sich das Rad auf den Buckel brennen lassen mußten.

Der König genas. Aber jetzt brach ein schwerer Krieg herein. Da lief alles Volk zusammen und half dem König, den Feind vertreiben. Auch seine Schwiegersöhne kamen mit ihren Soldaten. Aber die Schlacht schwankte lange hin und her.

Den Gärtner wollte sein Weib nicht mitziehen lassen. Sie fürchtete um ihn, erlaubte ihm aber doch von ferne zuzuschauen. So lief er fort und kam zu seinem Wilden. Der gab ihm Rüstung, Roß und Schwert, trug ihm aber auf, die Schlacht nicht zu entscheiden. So ritt er in die Schlacht. Er entschied aber nur zur Hälfte, und so kam es zum Waffenstillstand auf eine Woche. Als diese Zeit aus war, ging der Krieg von neuem an. Da kam der Wilde dem Gärtner schon entgegen, rüstete ihn und befahl ihm, die Schlacht wieder nicht ganz zu entscheiden.

Als der Krieg aber zum dritten Mal anging, erlaubte der Wilde dem Gärtner, der Schlacht ein Ende zu machen. Da schlug er mit seinem unbezwinglichen Schwert alle Feinde zu Boden, und so arg verwirrte sich Feind und Freund, daß der König den Gärtner am Fuße verwundete.

Als die Schlacht vorüber war und Friede auf einige Zeiten, riß der König das eigene Tuch vom Halse und verband die Wunde des vom Kopf bis zum Fuß im Harnisch vermummten Gärtners.

Bald darauf, als der König eine Mahlzeit ausrichtete, wollte er einmal auch seinen gemeinen (nicht adeligen) Schwiegersohn einladen und ging deshalb selbst in den Garten. Er sah aber hinter dem Zaun den Gärtner, wie er sich den noch wunden Fuß mit dem königlichen Halstuch verband. Darüber erstaunte der König, ließ sich aber nichts merken und überredete den Gärtner, daß er zur Mahlzeit ging.

Als der Gärtner in gemeiner Tracht (Arbeitsgewand) und mit dem Sacktuch um den Kopf in den Königssaal trat, waren auch seine zwei Schwäger dort, und zwischen diesen war ihm der Platz angewiesen. „Ich sitze nicht zwischen zweien, die Rad und Galgen auf dem Buckel haben", sagte der Gärtner und erzählte den Verlauf mit den Paradiesäpfeln und der Schlangenmilch. Hierüber entstand ein Unwillen und das Urteil, daß die zwei zerrissen werden sollten. Er bat aber, daß man ihrer schone seinetwegen, und so geschah es. Es befragte ihn aber der König, wie er zu der Fußwunde und zu seinem Halstuche gekommen, das er doch nur einem Ritter in der Schlacht gegeben, und was es für eine Bewandtnis mit dem wunderlichen Kopftüchel habe.

Da traten Abgesandte herein und sagten: „Unser König ist gestorben. Wir suchen einen andern König, seinen Sohn, den Goldhaar, der den wilden Mann besiegt und, da der ein verwunschener Prinz war, erlöst hat, weil er dem Zauber des Wundergartens, dem Reiz der Schlangenkönigin und der Verführung des Schlachtschwertes widerstand und fortan nur niedere Dienste tut." Darüber errötete der Gärtner. Er löste sein Kopftuch, und das lange goldene Haar rollte über die Schultern.

Und so ward er König in der Heimat und über das Erbe seiner Frau, der Tochter seines Schwiegervaters. *(Nachlaß, 202 132)*

Wer Glück håt, dean kälbert der Stiefknecht.

Wer si Zunga vobrennt, bloust 's nächstmal d' Suppn.

Aschenflügel

Einem Mann war die Frau gestorben. Da heiratete er wieder und bekam mit ihr zwei Kinder. Marie, die Tochter aus erster Ehe aber war von der Stiefmutter und ihren beiden Stiefschwestern auf den Tod gehaßt und mußte sich immer in der Küche aufhalten, wo sie voll Asche wurde und kaum mehr zu kennen war. Sie erhielt daher von der Stiefmutter den Namen Aschenflügel.

Wenn es Sonntag war, durften die beiden Töchter der Stiefmutter in schönen Kleidern zur Kirche gehen, Aschenflügel aber mußte zu Hause in der Küche bleiben.

Da bat sie einmal ihre Stiefmutter, sie doch auch zur Kirche gehen zu lassen wie ihre Stiefschwestern. Das böse Weib aber schüttete unter einen Metzen Hirse einen Metzen Asche und gab ihr am nächsten Sonntag den Befehl, den Hirs ganz rein herauszulesen. Wenn sie fertig sei, könne sie zur Kirche gehen.

So machte sie es jeden Sonntag, und das arme Mädchen konnte nicht fertig werden mit dem Auslesen und kam nicht zur Kirche. Sie weinte daher aber an einem solchen Tage über die Grausamkeit ihrer Mutter und ihr hartes Schicksal. Da kamen zwei Turteltauben und halfen ihr, den Hirs auszulesen und fraßen ihn. Das Mädchen aber sagte zu ihnen: „Liebe Tauben, nicht in euren Kropf, sondern in meinen Topf!" So warfen die Tauben fleißig jedes Körnlein in den Topf, und wie der Hirs gelesen war, ging sie zur Stiefmutter und bat, sie nun zur Kirche gehen zu lassen, da sie fertig sei. Doch diese ließ sie heute nicht gehen, sondern versprach es ihr, wenn sie nächsten Sonntag wieder so bald zu Ende sein würde.

Nächsten Sonntag war aber in einem nahen Ort Jahrmarkt, welchen der Vater jedes Mal besuchte. Weil nun der Vater den beiden Schwestern regelmäßig etwas mitbrachte, ohne ihrer zu gedenken, so bat sie ihn, da er eben bereit war fortzugehen, ihr doch auch etwas mitzubringen. Aber als sie der Vater fragte, was sie denn wünsche, erbat sie sich dasjenige, was sich auf dem Wege an seiner Hutspitze anstoßen würde.

Wie nun der Vater in einer Woche auf dem Fußpfade einherging, stieß er mit der Fußspitze an eine Haselnußstaude, und es blieb davon ein Zweiglein am Hute hängen. Da gedachte er der Worte seiner Tochter und nahm das Zweiglein mit. Den andern aber brachte er schöne Kleider. Gleichwohl hatte Aschenflügel über ihren Nußstrauß eine außerordentliche Freude, und als er ihr befahl, am nahen Brunnen Wasser zu holen, so steckte sie ihn an die Brust und ging hin.

Beim Wasserschöpfen fiel ihr aber der Nußstrauß in den Brunnen. Sie gedachte ihn herauszuholen. Der Brunnen war indessen zu tief, und es gelang ihr nicht. Sie fing daher bitterlich über den Verlust ihres Nußstraußes zu weinen an. Da hörte sie eine Stimme aus dem Brunnen, welche sie tröstete. Es wurde ihr gesagt, sie solle nächsten Sonntag an den Brunnen gehen und zu demselben folgende Reime hinabrufen:

„Lieber Nußbaum
mit dem goldenen Schaum!
Gib mir ein schön Gewand,
daß ich kann gehn ins heilig Amt."

Wieder kam der Sonntag und wieder mußte sie Hirs klauben. Sie rief also die Tauben:

„Liebe Tauben,
helft mir klauben,
nicht aber in euren Kropf,
sondern in meinen Topf."

Da ließen die Tauben nicht auf sich warten und waren so eifrig in ihrer Arbeit, daß Aschenflügel sehr früh fertig wurde und noch vor den Leuten zum Brunnen gehen konnte. Sie wusch sich da und wurde so schön wie lauter Gold, und als sie in den Brunnen hinabrief:

„Lieber Nußbaum
mit dem goldenen Schaum!
Gib mir ein schön Gewand,
daß ich kann gehn ins heilig Amt."

So stand sie schön vom Fuß bis zum Kopf in den herrlichsten Kleidern da, und die Pantoffel waren von Gold. So ging sie in die Kirche. In der Kirche war aber auch der junge Herr der nächsten Burg mit seinem Gefolge. Dieser erstaunte über die Schönheit der Jungfrau, wie sie zur Kirche hereintrat, und hatte nur mehr Aug und Ohr für sie. Voll Neugierde zu erfahren, wer sie sei, schickte er ihr nach der Kirche einen seiner Diener nach, damit dieser ausspähe, wo sie hingehe.

Aschenflügel aber hatte sich schon eilig aus der Kirche entfernt und war zum Brunnen gegangen, wo sie ihre schönen goldenen Kleider gegen ihre früheren mit Pech und Asche beschmutzten vertauschte, damit sie von ihren Schwestern nicht gesehen würde. Der Diener war daher umsonst ausgegangen und konnte seinem Herrn keine Kunde von der schönen Jungfrau bringen.

Am nächsten Sonntag ging sie wieder zum Brunnen und erhielt noch schönere Kleider als das erste Mal, und wie sie zur Kirche eintrat, sah alles voll Verwunderung auf sie und ihre Schönheit und ihre prächtigen Kleider, und der Graf, welcher schon längst auf sie gewartet hatte, war unsterblich in sie verliebt und brannte vor Neugierde zu wissen, wer sie wäre. Denn noch niemals hatte er eine so schöne und reiche Jungfrau in der Gegend gesehen.

Der Burgherr sendete daher nach dem Gottesdienst wieder seinen Diener hinter ihm her. Das Hündchen des Grafen aber lief mit dem Diener. Weil indessen Aschenflügel wieder so schnell aus der Kirche war, um eiligst ihre schönen Kleider abzulegen, so wollte er schon umkehren und mißmutig nach Hause gehen. Das Hündchen aber lief immer der Spur nach, auf welcher Aschenflügel gegangen war, und kam zum Brunnen und bellte hinein. Da ging auch der Diener hin, und weil er meinte, das Hündchen habe Durst, so schöpfte er Wasser aus dem Brunnen und gab es dem Hündchen zu trinken.

Da nun der Graf auch dieses Mal nichts erfahren konnte, so wurde er nur umso unruhiger und dachte immer nach, wie er denn die schöne Jungfrau auskundschaften könne. Er ließ daher am nächsten Sonntag, ehe die Kirche zu Ende war, Pech vor die Kirchentür legen, denn er wußte, daß die schöne Jungfrau immer zuerst aus der Kirche ging.

Dieses Mal war Aschenflügel noch schöner als die anderen Male und der Graf fast wahnsinnig vor Liebe. Aschenflügel verließ nun als erste die Kirche, trat beim Hinausgehen in das Pech, und aus Furcht, zu spät nach Hause zu kommen, ließ sie eines ihrer Pantöffelchen im Pech stecken. Dieses war von Gold und sehr klein. Der Diener, welcher hart hinter ihr her war, sah das Pantöffelchen, hob es auf und brachte es seinem Herrn.

Da ließ der Graf bekanntmachen, daß er die nächsten Tage in all jene Häuser komme, in denen sich Jungfrauen befinden, und welcher das goldene Pantöffelchen gehöre, diese müsse seine Gemahlin werden.

Bild: Nikita Leon, Hauptschule Neutraubling, 6. Klasse

Er besuchte nun wirklich ein Haus nach dem anderen und probierte allen Mädchen das Pantöffelchen, aber es war allen zu klein. So kam er denn auch in das Haus, wo Aschenflügel war, und fragte, ob hier nicht Jungfrauen wären. „Jawohl", erwiderte die Stiefmutter, „ich habe zwei Töchter." Der Graf gab daher den Pantoffel der Ältesten, um ihn zu probieren. Sie ging mit ihrer Mutter in eine Seitenkammer, und als sie in das Pantöffelchen geschlüpft war, fand sich, daß die Ferse vorstand. Da nahm die Mutter eine Schere, schnitt die Ferse weg und legte auf die Wunde eine heilende Salbe, damit sie nicht blute. Nun war freilich der Pantoffel recht und der Graf war erfreut, daß er seine Schöne gefunden habe, nahm sie in seinen Wagen und fuhr mit ihr auf sein Schloß.

Das Hündchen, welches vom Brunnen getrunken hatte, lief aber auf dem Wege immer neben dem Wagen einher und rief immer: „Kniff knoff, mein Herr hat eine fersenlose Frau, kniff, knoff!" Da wurde der Graf aufmerksam, ließ den Fuß seiner Braut untersuchen und da derselbe in der Tat ohne Ferse war, brachte er sie ihrer Mutter wieder zurück und fragte, ob sie keine andere Tochter habe.

Die Mutter führte ihm nun die jüngere vor, und der Graf ließ sie den Pantoffel probieren. Nun hatte diese aber so große Zehen, daß sie nicht in das Pantöffelchen hineinkonnte. Die Mutter nahm daher die Schere, schnitt die Zehe weg, salbte die Wunde ein, steckte das Pantöffelchen an den Fuß und brachte das Mädchen dem Grafen, der sie sogleich mit sich auf das Schloß nahm. Wieder sprang das Hündchen neben dem Wagen her und rief ohne Aufhören: „Kniff knoff, mein Herr hat eine zehenlose Frau, kniff, knoff, mein Herr hat eine zehenlose Frau." Der Graf ließ daher seine Braut untersuchen, und es fand sich, daß ihr Fuß ohne Zehe war.

Er brachte daher auch diese Tochter der Mutter zurück und fragte wieder, ob sie nicht noch eine Tochter habe. „Nein", sagte die Mutter. „Ja", sagte der Vater. „Ja", meinte die Mutter, „das ist ja ein ganz blödsinniges, ungeschicktes Ding, das man zu nichts brauchen kann." Der Graf aber bestand darauf, daß sie komme. Da ging der Vater in die Küche und sagte zum Aschenflügel, daß sie der Graf sehen wolle. Nun ging Aschenflügel zum Brunnen, sprach ihm ihren Spruch hinein:

„Lieber Nußbaum
mit dem goldenen Schaum!
Schicke mir das goldene Kleid,
daß ich gehen kann zu des Grafen Hochzeit."

Sie erhielt nun das schönste Kleid, das man je gesehen hatte, und trat zur Türe hinein. Da zeigte ihr der Graf das goldene Pantöffelchen, und sie erkannte es sogleich für das ihrige und zog es an, und es war ihr recht. Er nahm sie daher voll Freude in seinen Wagen, und das Hündchen rief nun neben dem Wagen immer: „Kniff knoff, mein Herr hat die rechte Frau, kniff, knoff, mein Herr hat die rechte Frau."

Es wurde nun glänzende Hochzeit gehalten und der Vater von Aschenflügel dazu geladen. Die Stiefmutter mit ihren beiden Töchtern hatte sich aus Neid erhängt. (Erbendorf) *(Nachlaß, 203 021)*

Die verwunschene Krähe

Auf einer Wiese saß ein Reiter zu Pferd und schlief. Da kam eine Krähe und pickte ins Pferd, daß es ausschlug und den Reiter weckte. „Was zwickst du mein Roß?" schrie der Reiter. „Damit du einmal erwachst", sagte die Krähe, „denn du schläfst schon drei Jahre hier!" Der Reiter merkte an seinem ellenlangen Bart, daß dem so sei, und sprach zur Krähe: „Sage mir, wie kann ich dir danken?" „Dadurch, daß du mir eine von deinen drei Schwestern gibst", sagte die Krähe. „Hier hast du mein Bild."

Der Reiter kam heim und zeigte den Schwestern das Bild. Die erste rümpfte die Nase. Die andere schrie: „Nein!" Die Jüngste errötete, nahm das Bild und ging. Da kam ein prächtiges Viergespann. Die Schwestern meinten schon, es sei ein Prinz, und liefen herbei. Als aber nur eine schwarze Krähe ausstieg, kehrten sie um, und nur die Jüngste empfing den Besuch. Die Krähe lud aber doch alle drei ein, sie auf ihr Schloß zu begleiten. So fuhren sie fort durch einen düstern, finstern Wald, und sie meinten schon, es ginge geradeaus in die Hölle. Bald ward es aber wieder hell, und es ging durch einen Zitronenwald und in ein schönes Schloß. Hier sagte die Krähe zu den beiden Schwestern: „Seid beileibe nicht neugierig!" und ging mit der Jüngsten in ein anderes Zimmer. Die zwei Schwestern aber schlichen ihnen nach und guckten durchs Schlüsselloch. Sie sahen einen schönen jungen Mann bei ihrer Jüngsten am Tische sitzen.

Den Augenblick war alles verwandelt. Sie standen alle drei unter einer Tanne. Die Krähe krächzte aus den Zweigen: „Nur die Jüngste kann noch helfen, wenn sie als Magd in Lumpen zur Stadt geht und einen Dienst nimmt, der ihr angeboten wird!"

So ging sie in Lumpen zur Stadt und wurde vom Büttel fortgeschafft. Es kam aber ein Schreiber und fragte, ob sie dienen wolle, kochen und putzen könne? Und er führte sie zu einem Fürsten in Dienst. Da zeigte sich bald, daß sie von allem gar nichts verstand. Die Speisen waren verbrannt, das Silbergeschirr noch schmutziger als zuvor. Gärtner, Jäger und Lakai höhnten sie und taten ihr Schimpf und Spott an.

Darüber weinte sie bitterlich. Es kam aber die Krähe ans Fenster geflogen, reichte ihr den Flügel hin und sagte: „Reiße mir eine Feder aus, und was du damit schreibst, daß es werde, soll geschehen." So kam es zum Mittag, und sie schrieb die allerbesten Speisen. Es kam das Tafelgeschirr, und sie schrieb den funkelnagelneuesten Glanz. Das gefiel dem Fürsten und der Fürstin wohl, und sie bekam jetzt die allerschönsten Kleider und war auch so schon schön von Gestalt und Ansicht.

Darüber ward zuerst der Gärtner zahm. Er hätte jetzt die Köchin gerne gehabt. Er schlich zu ihrer Kammertür und guckte hinein. Und als sie gar nicht böse tat, lief er auf sie zu. Sie aber sagte: „Schließe doch die Kammertür!" Und als er sich umwendete, schrieb sie flugs: „Ich wollte gleich, er müßte die ganze Nacht die Tür auf- und zumachen." Und so geschah es auch. Am hellen Morgen schlich der Gärtner beschämt von dannen.

Des andern Abends kam der Jäger. Sie lag schon in ihrem Bette. Er bückte sich und zog seine Stiefel aus. Da schrieb sie. „Ich wollte gleich, er müßte die ganze Nacht seine Stiefel an- und ausziehen." Und das mußte er auch tun. Voll Ärger ging er am hellen Morgen fort.

Am dritten Abend kam der Lakai, der Taubennarr mit krummem Hals vom ewigen Schauen nach den Tauben. Er guckte ihr verliebt in die Augen und bat um ihre Gunst. Da fiel ihm ein, daß der Taubenschlag noch offen, und er bat, zuvor dahin gehen zu dürfen. Sie nickte lachend und schrieb: „Ich wollte gleich, er müßte die ganze Nacht den Taubenschlag auf- und zumachen."

So brachte sie die Freier an. Sie kamen aber auf den Einfall, ihre Schmach zu rächen, schnitten drei Hexenruten und standen damit an, die Köchin durchzupeitschen. Sie merkte dies und schrieb: „Ich will, daß sie sich selber karbatschen." Und so geschah es. Derweil kam der Fürst dazu und bekam die allermeisten Schläge; die Fürstin auch und Kind und Kegel durchs ganze Land.

Da war es Zeit! Es kam die Krähe und fuhr als Prinz mit der schönen Köchin heim. (Neuenhammer) *(Nachlaß, 202 044)*

Bild: Julia Segerer, Volksschule Seubersdorf, 5. Klasse

Jodl, rutsch mir nach

Ein alter Bauer hatte zwei Söhne, Michl und Jodl. Den letzteren, obwohl nicht so klug wie der ältere, liebte der Vater wegen seiner Zutraulichkeit mehr. Nun wollte er sich zur Ruhe setzen und daher sein Hab und Gut, Hof und Feld seinen Söhnen verteilen: Der Ältere aber wollte von einer Teilung nichts wissen, da er der Ältere sei und somit der ganze Hof ihm gehöre. Doch hätte der Vater dem Liebling gar zu gerne den ganzen Hof überlassen. Daher legte er den Söhnen die Bedingung vor, daß, wer von ihnen das schönste seidene Tuch brächte, den ganzen Hof haben sollte. Der Ältere verließ sich auf seine Klugheit, war des Handels zufrieden und daher gleich auf dem Wege. Jodl aber, der sich noch nie von Vaters Haus entfernt hatte, wußte nicht, was er anfangen sollte, und setzte sich, ganz verstimmt, vor das Haus auf die Bank, dem Mist gegenüber.

Wie er nun so in Gedanken versunken dasaß, hüpfte ihm eine Hetsch (Kröte) entgegen und fragte ihn, was er denn habe, daß er gar so traurig wäre. Jodl sah erstaunt hin, wollte ihr aber keine Antwort geben. Da ermunterte ihn die Hetsch, es ihr doch mitzuteilen. Jodl aber meinte, sie sei ein gar zu garstiges Tier und werde nichts wissen und nichts können. Die Hetsch aber bestand darauf, daß er ihr sein Anliegen sage, sie werde ihm gewiß helfen. So sagte er ihr denn, daß der Vater dem den Hof versprochen habe, der das schönste seidene Tuch bringe, und da er nicht wisse, wo man es bekomme, so werde der Michl ganz sicher den Hof erhalten. Die Hetsch tröstete ihn nun, daß sie Rat habe, und verlangte, er solle ihr nur nachrutschen. „Jodl, rutsch mir nach. Du bekommst das schönste seidene Tuch."

Das wollte Jodl wieder nicht, weil seine Kleider ja voll Schmutz würden. Die Hetsch aber ließ nicht ab, und Jodl ergab sich endlich und rutschte ihr nach in einen nahen Wald zu einem schönen Haus, dessen Türe sich augenblicklich öffnete. Sie hüpfte nun die Treppe hinauf in einen schönen weiten Saal, setzte sich aufs Sofa und rief: „Mäuschen von Schwaben." Da lief ein Mäuschen herein und antwortete dienstfertig: „Was schaffen S', Ihre Gnaden?" „Bringe die Truhe mit den schönen seidenen Tüchern!" Da brachte das Mäuschen die Truhe, die Hetsch suchte das schönste Tuch heraus und gab es dem Jodl, der ganz vergnügt nach Hause eilte.

Als er nun nach Hause kam, war der Michl schon da mit einem ganz schönen Tuch. Dem Jodl seines war aber doch noch schöner. Da ließ Michl die Wette nicht gelten und verlangte, daß der Vater ihnen eine neue Aufgabe setze. Der Vater verlangte nun, beide sollten Tuch zu einem neuen Rock bringen. Da ging Michl schnell hinaus auf den Weg, Jodl aber setzte sich wieder vor den Hof auf die Bank. Da kam die Hetsch und verlangte wieder von ihm: „Jodl, rutsch mir nach!" Und er bekam wieder das schönste Stück Stoff.

Weil nun Jodl wieder das schönste Tuch heimbrachte, wurde Michl zornig, und weil aller guten Dinge drei sind, so verlangte er eine dritte Aufgabe. Der Vater stellte nun zur Aufgabe, daß, wer die schönste Braut bringe, den ganzen Hof bekommen solle.

So setzte sich Jodl wieder vor die Türe. Die Hetsch blieb nicht aus, Jodl aber wollte sie gar nicht anhören. Denn für diese Aufgabe könne sie ihm gar nicht helfen. Die Hetsch aber ließ nicht nach und sagte wieder: „Jodl, rutsch mir nach!"

Wie sie nun im Hause waren, befahl die Hetsch dem Jodl, ja recht aufzumerken und alles zu tun, was sie ihm sage. Sie verlangte also, daß er sie wasche, dann in das Bett lege und selbst sich zu ihr ins Bett lege. Mochte Jodl Vergnügen haben oder nicht, er mußte ihr folgen: So wusch er sie, legte sie ins Bett und sich zu ihr hin. Es schauerte ihn wohl, so nahe an dem häßlichen Tiere zu sein. Doch legte sich sogleich Schlaf auf seine Augen, und er schlief ein. Als er am anderen Morgen erwachte, lag eine wunderschöne Jungfrau neben ihm. Er blickte im Zimmer herum, da war es zu einem herrlichen glänzenden Saale geworden. Er sah zum Fenster hinaus, da war das Haus zu einem großen Schloß geworden, und vor ihm lag eine herrliche Gegend. Er läutete, und herein stürzten Bediente. Da erhob sich auch die Jungfrau und dankte dem Jodl, daß er sie von dem Zauber, in den sie gebannt war, erlöst habe. Zum Dank bot sie ihm Hand und Habe an. Jodl, bestürzt, wußte nicht, was er anfangen sollte. Die Jungfrau aber sprach ihm Mut zu, und so nahm er ihre Hand mit Freuden an. Das Mäuschen wurde zur Kammerfrau.

Es wurde gleich angespannt, und Jodl fuhr mit seiner schönen Braut bei seinem Vater vor. Da war Michl wieder sehr traurig. Denn er hatte ein hübsches Landmädchen von seiner Fahrt mitgebracht. Doch wandelten sich seine Tränen bald in Freude, als Jodl ihm erklärte, daß ihm der Hof bleibe, denn er sei reich genug und wolle ihn um nichts bringen. Da war der Vater voll Freude, daß sein Jodl so gut versorgt und auch sein Michl zufrieden gestellt sei, und so zog er zu seinem Jodl und lebte mit ihm froh und zufrieden, und wenn sie nicht gestorben sind, so leben sie noch.   *(Nachlaß, 202 991)*

Bild: Anduena Sallahaj, Hauptschule Neutraubling, 7. Klasse

Das dumme Weib

Es waren einmal zwei alte Leute, aber ohne Kinder, und die Ehefrau etwas däppisch. Da schickte sie ihr Mann einst auf den Markt, um Schmalz zu verkaufen. Es war sehr heiß und der Weg von der großen Hitze zerrissen und zersprungen. Wie nun das gute Weib diese Risse und Sprünge sah, sagte sie: „Gelt, o armer Weg, dir tun gewiß diese Sprünge so weh wie mir die meinen von Hand und Fuß", nimmt daher das Schmalz und streicht es so lange in die Kluften des Weges, als es eben reichte, dann ging sie heim.

Da fragte sie der Mann, ob sie das Schmalz wohl gut verkauft habe. „O mein Mann", erwiderte sie, „ich kam auf den Weg, der voll Wunden war, und kein Mensch erbarmte sich seiner. Da nahm ich in Mitleid das Schmalz, welches du mir gegeben und strich es in den Weg, um seine Schmerzen zu lindern." „Du dummer Teufel", brummte der Mann unwillig, „du machst mich mit deiner Ungeschicklichkeit noch ganz arm."

Wie wieder Markttag war, gab er ihr ein Stück Leinwand, um es zu verkaufen. Das Weiblein mußte durch ein Birkenwäldchen gehen. Da sah sie, daß die Birken ganz nackt dastünden. Auch ging ein starker kalter Wind, daß sie fror. So sagte sie zu den Birken: „O ihr armen Dinger, wie muß euch frieren, da ihr nicht einmal ein Hemd anhabt. Friert mich schon so arg, und hab ich noch mein Gewand an." Sie riß daher ihre Leinwand in Streifen und band um jede Birke einen, solange es eben reichte. „Nun habt ihr doch wenigstens einen warmen Fleck", tröstete sie die Bäume und ging dann wieder heim.

Wie sie nach Hause kam, fragte sie der Mann, ob sie die Leinwand gut verkauft habe. „Ach nein", erwiderte klagend das Weib: „Sieh, lieber Mann, wie ich so ging, kam ich in einen Wald, und standen die Birken ganz nackend da und hatten kalt, weil ein scharfer Wind ging. Ich konnte es nicht über das Herz bringen, sie so frieren zu sehen, sondern machte aus der Leinwand, die du mir mitgabst, lauter Binden und wickelte damit die armen Bäume ein, damit doch ein Fleck von ihnen warm bleibe." „O du einfältiges Weib", zürnte der Mann, „du machst mich mit deiner Dummheit noch ganz arm."

Wieder ging der Mann in den Wald, um Holz zu schlagen. Da gab er dem Weibe ein Säckchen mit Geld und ermahnte sie, es fein sorgsam aufzubewahren, bis die große Not käme. Das Weib versprach es zu tun. Wie der Mann nun fort war, kam ein alter Bettler und bat um Almosen. Seine Not wäre gar so groß. „Also bist du die große Not?" fragte ihn die Frau verwundert. „Jawohl", sagte der Bettler. Da gab sie ihm das Säckchen Geld und war froh, die Sorge des weiteren Aufbewahrens los zu sein.

Abends, wie ihr Mann nach Hause kommt, läuft sie ihm entgegen und erzählt ihm voll Freude, daß die große Not schon da gewesen sei und das Säckchen mit Geld geholt habe.

Da war der Mann sehr zornig und sagte: „Nun, da deine Dummheit uns um Hab und Gut gebracht hat, so bleibt uns nichts übrig, als daß wir zusammenpacken und weiterziehen." Das Weib war zufrieden, und so nahmen sie denn ihre Sachen zusammen und zogen weiter.

Wie sie auf dem Wege eine Zeitlang gegangen waren, meinte der Mann, das Weib sollte doch noch umkehren und das Beste vom Hause noch mitnehmen. Da ging das gute Weib hin, nahm die Türe aus der Stube und brachte sie. Denn sie glaubte, diese sei das Beste am ganzen Hause.

Sie waren nun gegangen, bis es Nacht wurde, und weil sie in einem Walde waren und sich nicht getrauten, auf der Erde zu schlafen, so stiegen sie auf einen Baum, machten die Türe in den Ästen fest und legten sich darauf.

Nicht lange darauf kamen Räuber und zündeten gerade unter diesem Baum ein Feuer an, setzten einen Kessel darüber und wollten Fleisch kochen. Die beiden Leute da oben auf dem Baum hatten aber große Angst, und die Frau geriet in große Not. Endlich fing sie zu ihrem Manne an: „O Mann, o Mann, ich muß Wasser lassen!" Da gab ihr der Mann erschrocken seinen Hut. „Denn", meinte er, „wenn die Räuber uns merken, so erschlagen sie uns." Gleichwohl ging etwas über den Hut hinaus und tropfte auf die Räuber hinunter. Da sagte einer davon: „Mach, daß wir fertig werden. Denn der Tau fällt schon."

Das Weib aber lag nicht lange ruhig, denn plötzlich stieß sie ihren Mann in die Seite und vertraute ihm, daß sie noch größere Not habe wie vorher. Er gab ihr dann erschrocken seinen Schuh, um die Notdurft hinein zu verrichten. Sie tat es, aber gleichwohl ging etwas daneben und fiel unter die Räuber. Da meinte einer derselben, es sei hohe Zeit zu gehen. Schon erhebe sich das Morgengrauen und zwar so stark, daß die Butzelkühe (=Tannenzapfen) von den Bäumen fallen.

Nach einer Weile fing das Weib wieder an und sagte, sie könnte nicht mehr länger auf einer Seite liegen, sie müsse sich umkehren. Der Mann zankte wohl, aber es half nichts. Wie sie sich aber umkehrte, wurde die Türe los und fiel herunter und mit ihr die beiden, welche auf ihr gelegen hatten, und zwar mitten in die Räuber hinein. Da erschraken die Räuber und liefen in großer Angst davon und ließen alles liegen.

Die beiden Eheleute aber, als sie sich von ihrem Falle erholt hatten, packten zusammen, was die Räuber zurückgelassen hatten, darunter einige Beutel mit Geld, und kehrten, so reich geworden, wieder in ihr Häuschen zurück, wo sie nun genug zu leben hatten.
Und wenn sie nicht gestorben sind, so leben sie noch.

(Nachlaß, 203 013)

As brauchts niad, daß ma-r a kranki Laus zin Båda schickt.

Wer mit an Noarrn ånfangt, mou mit an Noarrn aafhayrn.

Über ma(n) Wei haöd i ka(n) Klåg,
wenn's ma near fraas, wås i niad måg.

Nicht zornig werden

Es war ein Bauer, der hatte drei Söhne. Der Jüngere davon aber war etwas däppisch. Da sagte einmal der Ältere: „Vater, gib mir mein Heiratsgut, ich gehe in die Fremde." Der Vater gab ihm sein Heiratsgut mit 100 Gulden, und der Sohn ging fort und kam zu einem Pfarrer, der ihn als Knecht einstellte. Wie der Pfarrer aber sah, daß der Knecht Geld bei sich trug, sagte er zu ihm: „Weißt du was, ich setze dir ebenso viel daran. Wer von uns beiden sich zuerst ärgert, dem gehört alles." Dem Knecht war es recht.

Am folgenden Tage sollte er in das Feld und ackern. Der Pfarrer aber gab ihm zwei so schlechte Ochsen, welche nicht wist und nicht hot (links und rechts) verstanden, daß er keinen ordentlichen Bifang (Furche) ackern konnte. Da fing der Knecht zum Fluchen an. Der Pfarrer kam gerade dazu und fragte ihn: „Knecht, bist du vielleicht schon zornig?" „Ja freilich", erwiderte dieser, „wer sollte da nicht zornig werden!" „Gut", sagte hierauf der Pfarrer, „nun gehört das Geld mir."

Nun war der Knecht ganz betrübt, machte bald Feierabend und ging wieder leer nach Hause. Da sagte der Vater: „Weil du auch in die Fremde gehst, so gib mir meinen Hof wieder." Der Sohn aber erzählte, wie es ihm gegangen und wie er um sein Heiratsgut gekommen war.

Da sagte der zweite Sohn: „Vater, gib mir mein Heiratsgut, ich will auch hingehen, vielleicht mache ich meine Sache besser." So gab ihm dann der Vater sein Heiratsgut mit hundert Gulden, und der Sohn ging zum nämlichen Pfarrer und ward diesem als Knecht gedungen. Der Pfarrer aber, wie er sah, daß der Knecht sein Heiratsgut bei sich habe, machte ihm dasselbe Anerbieten wie dem ersten. Doch der Knecht meinte, der Pfarrer müsse ihm 200 Gulden daransetzen, damit er das verlorene Geld seines Bruders wieder gewinnen könne. Der Pfarrer willigte ein, und der Knecht ging am anderen Tag mit dem nämlichen Joch Ochsen auf das Feld hinaus zum Ackern. Doch ging es ihm nicht besser als seinem Bruder. Er fing zu fluchen an, und der Pfarrer hörte ihn und fragte ihn: „Knecht, bist du etwa zornig?" „Ja", sagte dieser, „wer müßte bei solchen Ochsen nicht zornig werden?" „Knecht", entgegnete hierauf der Pfarrer, „nun ist alles Geld mein."

So mußte auch dieser gehen und sein Heiratsgut dem Pfarrer lassen. Wie er zu Hause dem Vater erzählte, wie es ihm ergangen sei, bat Hans, der Jüngere, den Vater, er möge ihm doch auch das Heiratsgut geben, er wolle versuchen, ob er es nicht besser machen könne. Der Vater aber sagte: „Wenn deine Brüder, die doch gescheit sind, nichts erreichen konnten, wie wirst denn du etwas zuwege bringen? Bleib du nur zu Hause!" Der Jüngere aber ließ nicht ab zu betteln, bis ihm der Vater das Heiratsgut gab.

Sogleich ging er zu dem Pfarrer und ließ sich als Knecht einstellen. Der Pfarrer machte ihm den nämlichen Vorschlag wie den beiden ersten. Hans aber wollte davon nur etwas wissen, wenn ihm der Pfarrer dreimal so viel dagegen setze: denn er müsse das ja auch noch gewinnen, was seine Brüder verloren. So wurde denn die Wette eingegangen.

Am anderen Tage mußte er mit denselben Ochsen, welche gar nichts verstanden, zum Ackern hinaus. Hans aber ließ draußen die Ochsen gehen, wie sie wollten, und pfiff lustig hinter dem Pfluge einher. Wie nun der Pfarrer hinauskam und diese Wirtschaft mit ansah, sagte er: „Ja, Knecht, was meinst du denn dabei?" „Nun", meinte dieser, „die Ochsen verstehen nicht wist und nicht hot, ich lasse sie also gehen, wie sie wollen. Sind Sie vielleicht zornig, Herr Pfarrer?" „O nein", sagte dieser, „spanne nun aus!"

Des anderen Tages mußte Hans die Kühe hüten. Es war ein sehr heißer Tag, und die Kühe liefen nun hin und her, weil die Bremsen sie stachen. Da kam ein Viehhändler des Weges. Diesem gab er alle zu kaufen bis auf die schlechteste, welche er in den nahen Wald zwischen zwei eng stehende Bäume trieb, daß sie nicht mehr vor-, nicht rückwärts konnte. Er aber legte sich in das Gras und pfiff ein Liedchen. Da kam der Pfarrer und fragte nach seinen Kühen. „Die haben sich alle verlaufen", war die Antwort. „Bis auf die Dürre, welche sich dort zwischen den Bäumen eingezwängt hat." Der Pfarrer machte ein saueres Gesicht zu dieser Erzählung. Da fragte ihn der Knecht: „Sind Sie vielleicht gar zornig, Herr Pfarrer?" „O nein, ich kann mir ja wieder andere kaufen." Er dachte nämlich, vierhundert Gulden seien die Kühe doch nicht wert.

Am dritten Tage sollte Hans die Schweine hüten. Er trieb sie an eine sumpfige Stelle, und da aber auf der Straße ein Schweinehändler ging, so bot er diesem die Schweine zum Kaufe an und verkaufte sie. Nur von einem bedang er sich das Schweifchen aus. Dieses steckte er in das Moor, legte sich dann hin und schlief.

Wie nun der Pfarrer kam, um nach den Schweinen zu schauen, fand er wohl den Knecht, der schlief, nicht aber seine Schweine. Er fragte daher sogleich, wo diese hingekommen seien. Hans aber, sich die Augen reibend, erzählte ihm, daß die Schweine alle im Moor versunken wären, von einem stehe noch das Schweifchen hervor. Er ging hin und wollte das Schwein bei dem Schweifchen herausziehen, es blieb ihm aber das Schweifchen in der Hand. Da sagte er: „Schau, der Schweif ist auch schon abgefault. Nun sind die Schweine gewiß hin. Sind Sie etwa zornig, Herr Pfarrer?" „Nein", kratzte sich aber hinter den Ohren, weil er nicht wußte, was er mit dem Hans anfangen sollte, damit er ihn nicht um alles brächte.

Des Nachts sagte er nun zum Knecht: „Hans, weißt du was, in meinen Garten kommen alle Nacht die Diebe. Ich muß also einen Wächter in den Garten tun. Bleib also du heute Nacht im Garten und gib acht, daß nichts gestohlen wird. Hier hast du einen tüchtigen Strick. Wer dir auf dreimaliges Anrufen keine Antwort gibt, den prügelst du mir nach Leibeskräften durch. Wenn dir aber etwas gestohlen wird, so hast du die Wette verloren."

Wie nun der Pfarrer glaubte, daß der Hans schlafen könnte, schickte er seine Köchin in den Garten, um etwas zu holen. Sie ging ganz leise, der Hans hörte sie aber doch und rief dreimal so schnell hintereinander: „Wer da?", daß die Köchin ihm gar keine Antwort geben konnte. Da sprang er auf und prügelte die Köchin so derb, daß sie sich nicht mehr rühren konnte. Auf das Geschrei kam der Pfarrer herbei und fragte, was es gab. „Ich habe Ihren Befehl vollzogen", sagte der Hans, „und die Köchin, die stehlen wollte, so durchgearbeitet, daß sie halbtot dort liegt. Sind Sie etwa zornig, Herr Pfarrer?"

Der aber antwortete gar nicht und führte die arme Köchin zurück in das Haus. Am nächsten Tage war ein hoher Feiertag, und viele Gäste sollten in den Pfarrhof kommen. Die Köchin lag an ihren Schlägen zu Bette, und eine andere war auch nicht so schnell zu bekommen. So befahl denn der Pfarrer dem Knecht, Feuer auf dem Herd zu machen und, während er in die Kirche ging, fleißig aufzusehen, damit das Feuer nicht ausgehe, aber auch nichts überlaufe. Wenn das Wasser in dem Fleischtopfe siede, solle er ja Bory (Porree) und Petersilie darüber tun. Der Hans tat alles fleißig, und wie das Fleisch im Hafen sott, so nahm er den Hund des Pfarrers, der Bory hieß, und die Katze, die Petersil hieß, und steckte beide in den siedenden Hafen zum Fleisch.

Als nun der Pfarrer aus der Kirche kam, sich in der Küche umsah und den Hans fragte, ob er Bory und Petersil nicht vergessen habe, da sagte dieser: „O nein, aber der Petersil hat mir etwas warm gemacht, denn er hat sich nicht wollen fangen lassen." Da erschrak der Pfarrer und hob den Deckel vom Hafen ab, und der treue Kater bleckte seine weißen Zähne ihm entgegen, und von seinem Hund sah der buschige Schweif heraus.

So konnte sich der Pfarrer nicht länger halten und schalt den Hans einen Dummkopf. „Sind Sie etwa zornig, Herr Pfarrer?" fragte dieser ganz ruhig. „Wie sollte ich nicht zornig werden, jetzt kann ich meinen Gästen nichts aufsetzen", zürnte der Pfarrer.

Da hatte Hans die Wette gewonnen und empfing das Geld und verließ den Pfarrer, der nun kein Vieh und kein Geld, keine Brotzeit und keine Köchin hatte, um nach Hause zu eilen und dort von seiner Klugheit zu erzählen.

(Nachlaß, 203 002)

Die große Rübe

Es waren einmal zwei Häuslleute. Die hatten zwölf Kinder, lauter Buben. Die Mutter aber war ziemlich nachlässig in der Wirtschaft. Wenn sie die Stube auskehrte, so ließ sie den Kehricht doch alles hinter der Türe, zu träge, ihn hinauszuschaffen. Der Kehrichthaufen hatte so eine ansehnliche Größe erreicht, als einmal Rübsamen hineinfiel. Der Samen ging auf, und es wuchs eine ungeheure Holmrübe (weiße Rübe, Stoppelrübe) daraus hervor.

Wie sie reif war, wollte das Weib sie ausreißen. Aber die Rübe war so groß, so fest in den Kehrichthaufen eingewachsen, daß ihre Kraft nicht hinreichte. Sie rief also den Mann. Der hing sich an, das Weib an die Rübe, aber so sehr sie zogen, die Rübe blieb fest stecken.

Da rief der Vater den ältesten Sohn. Dieser hing sich an den Vater, der Vater an die Mutter, die Mutter an die Rübe. Aber die Rübe wollte nicht gehen.

Da rief der Einl dem Zweitl, dem zweitältesten Sohn. Der hing sich an den Einl, der Einl an den Vater usw. Aber es ging immer noch nicht.

So hing sich der Drittl an den Zweitl, der Viertl an den Drittl, der Fünftl an den Viertl u.s.f., bis der Zwölftl am Elftl, der Elftl am Zehntl, der Zehntl am Neuntl usw. hing, und der Einl am Vater, der Vater an der Mutter, die Mutter an der Rübe. Da geht die Rübe heraus. Da wurde das Kraut abgeschnitten, die Rübe ausgehöhlt, und die Leute hatten das ganze Jahr Kraut genug. Die Hülse fuhren sie aber heraus auf den Acker.

Einmal hütete nun der Hirt seine Schweine auf diesem Acker. Weil es sehr warm war, legte er sich hin und schlief ein. Wie er aber erwachte, waren alle Schweine verschwunden. Voll Angst suchte er sie überall. Da fand er sie alle in der Höhlung der Rübe.
So groß ist die Rübe gewesen.

(Nachlaß, 203 011)

Räthselkampf

Des san di zwoa Biabla, di wos allawal streid'n:
Mach mir aus a schwarz'n Kuln a schnaiweiße Kreid'n.
    Soll i dir macha aus a schwarz'n Kuln a schnaiweiße Kreid'n,
    So mußt mir as Hobarstrao spinnar a klaori Seid'n.

Soll i dir spinnar as Hobarstrao a kloari Seid'n,
So mußt du dem Danzbuad'n lerna les'n und schreib'm.
    Soll i dem wilden Danzbuad'n lerna les'n und schreib'm,
    So mußt du mir a Kind gebär'n und Jungfrau bleib'm.

Soll i dir a Kind gebär'n und Jungfrau bleib'm,
So mußt du mir d'Windala wasch'n ohne Wassar und Seif'n.
    Soll i dir di Windala wasch'n ohne Wassar und Seif'n,
    So mußt du mir a Wiegerl mach'n ohne schnitz'n und schneid'n.

Soll i dir a Wiegerl mach'n ohne schnitz'n und schneid'n,
So mußt du mir die Sternlein zählen, die am Himmel leuchten.
    Soll i dir die Sternlein zählen, die am Himmel leuchten,
    So mußt du mir ein Loitarl schnitz'n zum Affisteig'n.

Soll i dir a Loitarl schnitz'n zum Affisteig'n,
So mußt du mir dreyhundert Krebs aus der Donau treib'm.
    Soll i dir dreyhundert Krebs aus der Donau treib'm,
    So mußt du den böhmischen Wald mit der Scheer abschneid'n.
(Tirschenreuth)

(Röhrich, 293)

Rätsel

Wos gaid übarn Boch und braucht koin Steg?
Was geht über den Bach und braucht keinen Steg?
– Dar Maon.
Der Mond. (Amberg)

Wos gaid ums Haus umi und schaud bor alli Löchar eini?
Was geht ums Haus herum und schaut in alle Löcher hinein?
– D Sunna.
Die Sonne.

Wos brennt ums Haus und zündt niad on?
Was brennt ums Haus und zündet es doch nicht an?
– Brennessel. (Neuenhammer)

Wos laft übar oin und haud koin Föyß?
Was läuft über einen und hat keine Füße?
– D Genshaut.
Die Gänsehaut. (Neuenhammer)

Wenn frißt da Hund koin Wurscht?
Wann frißt der Hund keine Wurst?
– Wenna koine haoud.
Wenn er keine hat. (Neuenhammer)

(Röhrich, 281 ff.)

Das Wieserl

Ein Wieserl, weiß wie Schnee, lief auf einer Wiese flink herum wie ein Irrlicht. Da kamen Hunde und Buben und hetzten das Tierchen, bis es müd und matt nicht mehr weiter konnte. Nur ein kleines Mädchen war dabei, das erbarmte sich des armen Geschöpfes und nahm es schützend in seinen Schoß. Es hatte nichts anderes mit als ein Ei. Dieses reichte es dem abgehetzten Wieserl. Das Wieserl leckte das Ei begierig aus und huschte dann fort. Die Eierschale aber war so schwer wie das Ei und glänzte wie Silber. Es war auch so.

Das Mädchen hatte nur eine Henne, die legte bisher nur ein Ei des Tages, von nun aber täglich zwei. Und jeden Tag trug das Kind ein Ei unter den Stein am Wiesenrain, wo das Wieserl wohnte, und jeden Morgen drauf lag die Schale da, schwerer als das Ei und leuchtend wie Silber. So wurde das Mädchen reicher als alle ihre Freundinnen ringsum und bekam der Freier eine Menge, aber sie nahm keinen von den Bauernbuben; denn sie hatten das Wieserl fast zu Tode gejagt.

Einmal an einem Ostermorgen brachte das Mädchen seinem Wieserl ein geweihtes Ei, und das Wieserl biß es an. Da zerplatzte dieses und Feuer ging davon aus, und statt des Eies stand ein herrliches Königsschloß da. Das Mädchen wurde davon ganz betrübt. Als es erwachte, saß es in dem prächtigen Schloß und ihm zur Seite ein junger Prinz. Sie hatte ihn aus der Verwandlung in das Wieserl durch das Osterei erlöst und wurde nun seine Frau. (Neuenhammer)

(Nachlaß, 203 489)

Der Höydl

Ein böser Räuber und Mörder hatte die Angewohnheit, nach jeder Untat eine Kerbe in seinen Stecken zu schnitzen. Gegen Ende seines Lebens war fast kein Platz mehr auf dem Stecken, und er begann, sich seiner Sünden zu besinnen. Ein Einsiedler kam in den Wald, den bat er, ihn von seinen Sünden loszusprechen. Doch der sagte: „Dein Maß ist so voll, von diesen Sünden kann ich nicht mehr freisprechen." Der Höydl war sehr betrübt und sagte: „Was muß ich tun, um doch noch die Gnade Gottes zu erlangen?" – „Du mußt dein Kerbholz in den Boden stecken und kniend davor beten. Wenn das dürre Holz austreibt und Blüten und Frucht trägt, dann bist du erlöst, sonst nicht." Der Einsiedler ging fort, und der Höydl tat, wie ihm geheißen.

Nach vielen Jahren kam der Einsiedler wieder in diesen Wald. Da fand er einen blühenden Apfelbaum, und davor kniete der Höydl mit zum Gebet erhobenen Händen. Der Einsiedler rief ihn an, ohne Antwort, dann berührte er ihn an der Schulter: „He, Höydl, schau, du kannst aufstehen, du bist erlöst!" – Da zerfiel der leblose Körper in Staub, und eine weiße Taube erhob sich aus seiner Brust.

(Nachlaß, 202 229, leicht gekürzt)

Bild: Klara Fahrnholz / Nouha Riahi, GS Pestalozzi Regensburg, 4. Klasse

Schönwerths volkskundliche Arbeitsweise

Überzeugt davon, dass die abgelegene Oberpfalz reicher an „ächter, alter Sage" sei als viele andere deutsche Landstriche, beginnt Schönwerth zu Beginn der fünfziger Jahre, nach oberpfälzischen Bediensteten in München Ausschau zu halten, um von ihnen die Sagen, Märchen und Bräuche ihrer Heimat, kurzum den ganzen Schatz der in der Erinnerung aufbewahrten Volksüberlieferungen zu erfahren. Darüber hinaus aber hofft er, durch eigene Reisen in die Oberpfalz sowie durch briefliche Anfragen bald über genügend Stoff für seine „Sitten und Sagen" zu verfügen. Doch Vorsicht war geboten. Jeder volkskundliche Forscher, so fordert Schönwerth, müsse beim Sammeln und Aufzeichnen der Überlieferungen darauf achten, „daß er nichts aufnehme, was dem Volke selber fremd ist", und sich stets vergewissern, „ob das Volk an der Stelle, an der er sucht, selbst rein und unvermischt, ob der Erzähler heimisch in der Gegend, ob sein Geschlecht von jeher hier gehaust, ob er seine Aussage von diesem oder von anderen empfangen, und wer diese anderen seyen und wo zu Hause". Andernfalls laufe er Gefahr, Material zu sammeln, das im Untersuchungsgebiet nicht heimisch, also untypisch für diese Gegend sei: Nur dort, „wo der Besitz in fester Hand bleibt, der Bauer aber an so alterrebtem Gute festhält, da mag der Forscher sichergehen. Wo der Besitz häufig wechselt, thut Vorsicht Noth". Auch sei es für den volkskundlichen Sammler wichtig, dass er das Volk „am Herde" und nicht nur „aus der Cavaliersperspektive oder aus dem äußeren Verkehre" kenne, wenn er „den geheimnisvollen Schrein der altersgrauen Überlieferungen" öffnen wolle.

Im Vorwort zu den „Sitten und Sagen" berichtet er dann genauer über seine Arbeitsweise: „Weiber und Weber der Heimat ließen sich gegen kleine Geschenke und Bewirthung in der Regel gerne herbey, sich als Inquisiten mir gegenüber zu setzen und wurden ganz mittheilsam, wenn ich der Erste war, in der heimatlichen Mundart zu erzählen." Der „geheimnisvolle Schrein" öffnet sich also nur dem vertrauten Landsmann. Und auch diesem wird es nur mit Einfühlungsvermögen und viel Geduld und langer Übung gelingen, „gerade dasjenige herauszufragen, worauf es ankommt". Einfache Menschen, die vorzugsweise als Gewährsleute in Frage kommen, „können sich nämlich der Ansicht nicht entschlagen, daß ein Gebildeter unmöglich an solchen Dummheiten Gefallen finde und fassen sogleich Argwohn, daß man sie zum besten habe". Noch schwieriger aber gestaltete sich die schriftliche Erhebung volkskundlichen Materials. Im März 1854 hatte Schönwerth einen Fragebogen zu „Gegenständen, über welche gefällige Mittheilung erbeten wird" entworfen, ihn vervielfältigen lassen und diesen dann an Pfarrer und Schullehrer in den Dörfern der Oberpfalz verschickt, deren Interesse und Mitarbeit er sich erhoffte.

Doch die Enttäuschung ist groß: „Schriftliche Mittheilungen aus der Heimat… gingen mir nur von wenigen Orten zu… Wer von den Gebildeten sollte auch Sinn haben für das, was er nicht kennt, oder gar von vornherein mißachtet." Aber auch dort, wo Schönwerths Bitte mitzusammeln ein Echo findet, ist die Ausbeute meist nur spärlich. So klagt ein Mitarbeiter, dass alte Leute, die eigentlich viel wissen müssten, nur selten aufzufinden seien und dass es auch schwer sei, ihnen beizukommen: „Oft und an manchen Orten muß man anklopfen, bis etwas herauskommt." Und ein anderer schreibt: „Ich ging zu Leichenwärtern, zu frommen Bauersleuten, zu Leuten, die als Volkserzähler einen großen Ruf haben, aber meist tröpfelte es nur ganz armselig, wenn ich diese Ader anzapfte. Gewöhnlich nur verschwommene Erinnerungen, ein elendes Stückwerk, selten zwei oder drei ganze Volksmeinungen oder sichere Überlieferungen."

Dennoch ist uns dieser Fragebogen von großer Bedeutung. Stichpunktartig umreißt er nicht nur das gesamte Forschungsvorhaben Schönwerths, sondern erinnert in seinen einzelnen Gesichtspunkten auch an Jakob Grimms „Deutsche Mythologie", die ihm Vorbild und Wegweiser war. Schönwerth wünscht von seinen Mitarbeitern Auskunft über alle auffallenden Gebräuche und Gewohnheiten beim Freien, bei der Hochzeit, während der Kindbettzeit, bei Todesfällen und Begräbnissen. Weiterhin erbittet er Aufzeichnungen über alle festlich zu begehenden Zeiten im Jahreslauf, über das Brauchtum in den Rauhnächten und über die vielerlei abergläubischen Vorstellungen des Volkes in den Wechselfällen des Lebens. Auch die Benennungen der Teile des Hauses und seiner Einrichtung, eigentümliche Tier- und Pflanzennamen, überhaupt seltene mundartliche Wörter sind ihm wichtig, ferner Kinderspiele, Kinderreime, Kinderlieder und Sprichwörter in der Mundart.

Viele Fragen zielen auch auf Märchen, Sagen und Erzählungen vom Teufel, von Hexen und Druden, von Gespenstern und Geistern, von Riesen und Zwergen, von Hoymännern, feurigen Männern, Holz- und Wasserfräulein, von weißen Frauen, vom wilden Jäger und noch anderen Sagengestalten. Fragen über Vorstellungen von Sonne und Mond und den anderen Gestirnen, von Gewittern und Regenbogen leiten den letzten Abschnitt des Katalogs ein. Den Schluss des Fragebogens bildet die ausdrückliche Bitte, „alles genau zu bezeichnen, selbst das, was unbedeutend erscheint, und zwar im Ton des Volkes, ohne Ausschmückung, mit den Ausdrücken, die gewöhnlich, wenn auch genau sind – ferner den Ort anzugeben, wo etwas vorkommt oder geschehen ist".

Erfreulicherweise steigt die Anzahl der Einsendungen nach der Veröffentlichung des ersten Bandes der „Sitten und Sagen", eine Erfahrung, die übrigens auch schon die Brüder Grimm während der Arbeit an ihren „Deutschen Sagen" machen mussten. „Die Erfahrung beweist", so bemerken sie im Vorwort zu dieser Sammlung, „daß auf Briefe und Schreiben um zu sammelnde Beiträge wenig oder nichts erfolge, bevor durch ein Muster der Sammlung selbst deutlich geworden sein kann, auf welch verachtete und scheinlose Dinge es hierbei ankommt."

(Röhrich, 28 ff. Auszug)

Wås ma gern tout, kummt oin niat hoart oa.

Oi(n) Reiser macht koin Besn.

Wer will in Himml kumma, derf an Weg niat scheugn.

Brauchen wir heute noch Märchen?

Es war einmal eine Zeit, da gab es erst wenige Fernsehprogramme, und viele Familien hatten noch kein Fernsehgerät. An den Abenden wurde gelesen, vorgelesen und erzählt, den Kindern auch Märchen und Sagen.

Für viele unserer Kinder ist diese Zeit heute vorbei. Fernsehen, DVD, Internet, u.v.m. haben das Erzählen und Vorlesen ersetzt.

„Wir brauchen heute keine Märchen mehr, weil wir unsere Kinder vernünftig und liebevoll erziehen", sagen die einen.

„Märchen sind auch heute noch wichtig für die Kinder", sagen die anderen.

Wenn wir fragen „Sind Märchen heute noch modern? Werden Märchen gebraucht?", dann ist das, als ob ein Küchenjunge den Chefkoch fragen würde: „Ist Salz gut oder schlecht?" Der Koch würde antworten: „Ja."

Die Begegnung mit Märchen

Die Kinder begegnen Geschichten, in denen es um Gut und Böse, Lüge und Wahrheit, Treue und Verrat, Liebe und Hass, Aufrichtigkeit und Hinterhältigkeit, Mut und Ängstlichkeit, Freude und Trauer, um verschiedene Interpretationen von Glück und um viele andere Grundsituationen menschlichen Lebens geht.

Geborgen im Arm des Erzählers oder Vorlesers können sich die Kinder im Schonraum der Geschichte mit Lebenssituationen auseinandersetzen, die ihnen auch schon begegnet sind oder die sie noch nicht selbst erlebt haben, aber kennen sollten.

Dabei kann je nach Situation eine Verarbeitung und Gewichtung von Erlebtem oder eine präventive Wirkung zur Vorbereitung auf evtl. noch kommende Situationen entstehen. Die Besonderheit besteht darin, dass das Kind, dem ein Märchen vorgetragen oder vorgelesen wird, Regisseur und Zuschauer in einer Person ist. Das Gehirn des Kindes stellt mit den Mitteln, die es zur Verfügung hat, aus eigenen Bildern den „Film" zusammen und betrachtet gleichzeitig das Fortschreiten der Geschichte, immer mit der Frage im Hinterkopf: „Was würde ich in dieser Situation machen?" Das Gehirn des Kindes, besonders auch der unterbewusste Teil, ist dabei hochaktiv und kreativ, so dass man schon allein aus dieser Tatsache sagen kann: Märchen vorgelesen, vorgetragen zu bekommen (später selber zu lesen) fördert die Aktivitäten des Gehirns.

Die Sprache des Märchens

Die etwas ungewöhnliche Sprache der Märchen unterscheidet sich oft in erheblichem Maße von der Alltagssprache der Kinder und fordert deren Dekodierungssystem in höchstem Maße. Sie übt einen Reiz aus, stellt eine Herausforderung für den Leser bzw. Hörer dar. Wenn man sich bemüht, versteht man den Text, dabei wächst der Wortschatz. Ein angefangenes Märchen erzeugt eine starke Motivationskraft. Die Kinder strengen sich an, weil sie wissen wollen, wie die Geschichten weitergehen.

Märchen bieten oft die Gelegenheit für gute Gespräche über die Lebensumstände früher und heute, über das Leben in der Stadt oder auf dem Land.

Wenn Märchen gut vorgetragen werden, erleben die Kinder in einer besonders beeindruckenden Form die Gestaltungsmöglichkeiten der menschlichen Stimme in ihrer ganzen Bandbreite. Ängstlichkeit, Wut, Zärtlichkeit, Sehnsucht, Liebe und Enttäuschung, Lüge und Hinterlist, Aufrichtigkeit und Redlichkeit werden hörbar und prägen die Ausdrucksfähigkeit und Wahrnehmung der Kinder für ein ganzes Leben. Wenn der Vortragende, wie bei den vorliegenden Oberpfälzer Märchen und Sagen möglich, die regionalen Sprachnuancen einbringen kann, dann entsteht ein kleines „Gesamtkunstwerk". Dagegen klingt das monotone Geplärr, Gezeter und Geschrei mancher Comics und mancher Kinderserien im Fernsehen arg nach „Körperverletzung".

Der psychologische Wert der Märchen

Die schützende und heilsame Wirkung von Märchen wird mittlerweile von vielen Psychologen anerkannt. Der berühmte Kinderpsychologe Bruno Bettelheim („Kinder brauchen Märchen") und der Psychotherapeut Milton Ericson („Heilsame Geschichten") belegen eindrucksvoll die Wirkungen, die bei der Auseinandersetzung mit Geschichten, beim „geistigen Probehandeln" entstehen können.

Es gibt eine Reihe von Büchern auf dem Markt, die Märchen unter dem Aspekt der schützenden und stärkenden Wirkung ordnen und darbieten. (Gerlinde Ortner: „Märchen, die Kindern helfen", Angelina Bauer: „Heilende Märchen", Rufus Beck: „Kinder lieben Märchen und werden stark fürs Leben").

Die Altersbegrenzung der Märchen

Ich halte Märchen auch für Erwachsene für eine sehr beachtenswerte Lektüre. Im Gegensatz zu dem oberflächlichen Geschwätz mancher aktueller „Lebensratgeber", die sich stets am momentan gültigen Modetrend orientieren, verkünden Märchen für den, der sie zu lesen versteht, oft über Jahrhunderte gewachsene Lebenserfahrungen, die es wert sind, interpretiert zu werden. Auch in diesem Zusammenhang ist der Satz „Wenn ihr nicht werdet wie die Kinder, so werdet ihr nicht ins Paradies eingehen" des Nachdenkens wert. Faszinierend sind natürlich Geschichten, welche die Kinder als Märchen erleben, während der Erwachsene sofort die enthaltene philosophische Ebene erkennt, z.B. in „Momo" von Michael Ende oder „Der Kleine Prinz" von Antoine de Saint-Exupéry.

Die Gestaltung der Märchen

In Bezug auf die Gehirnaktivitäten und die emotionale Betroffenheit erfolgt eine Abstufung:

Beim Film ist die Ausgestaltung der Szenen schon erledigt, das Kind konsumiert, die Auseinandersetzung mit den Inhalten und „Botschaften" bleibt oft gering, besonders dann, wenn ein Gesprächspartner fehlt.

Beim Tonträger entwickelt das Kind die Bilder selbst, der persönliche Bezug und die Gehirnaktivität erreichen eine sehr hohe Dichte wie zum Beispiel bei „Rufus Beck liest Harry Potter".

Beim Erzählen bzw. Vorlesen entstehen Gemeinschaftserlebnis, Zuwendung, Geborgenheit und Wertschätzung. Der Erzähler bestimmt durch seine Gestaltung sehr wesentlich den emotionalen Ausprägungsgrad der Geschichte, kann evtl. auf die unterschiedliche Sensibilität der Kinder eingehen, was besonders bei Märchen mit „grausamen Szenen" bedeutsam sein kann.

Was die „Grausamkeiten", die in manchen Märchen vorkommen, anbelangt, so konnte ich oft beobachten, dass die Kinder diese als „gerechte Strafe" abhaken und damit einordnen konnten. Die Märchen ersparen hier dem Leser die Auseinandersetzung mit einer schwierigen Komponente unseres Lebens nicht. Ein Tiger, der eine Gazelle reißt, ist nicht grausam, auch wenn uns die Bilder erschüttern. Hiermit verantwortungsbewusst umzugehen, ist Teil einer guten Erziehung. Märchen können dabei wertvolle Gesprächsanregungen geben.

Die Beziehung zwischen dem Erzähler und dem Hörer

Zwischen dem, der ein Märchen vorträgt, und dem Kind entsteht eine ganz besondere Beziehung. Das Kind erlebt, dass sich jemand Zeit nimmt, um mit ihm gemeinsam ein kleines Abenteuer zu erleben: einen Prinzen, eine Fee oder einen kleinen Tiger zu begleiten und sich Gedanken über Gut und Böse, richtiges und falsches Verhalten zu machen. Der Erzähler wird als eine besondere Person erlebt: Da ist einer, der sich Gedanken über das Leben macht, diese in Geschichten verpackt und mit mir bespricht. So ein Mensch wird in der Rubrik „interessanter Gesprächspartner" gespeichert.

Märchen schaffen Beziehungen, bauen Brücken: Man hat die gleichen „Abenteuer gemeinsam gemeistert". Wer Geschichten erzählen kann, weiß was vom Leben, der hat etwas zu sagen, dem hört man häufiger zu als dem alles besser wissenden Be-Lehrer. Beim Erzählen gilt allerdings der Grundsatz: Nicht übertreiben, keine Selbstdarstellung des Erzählers! Das Kind und seine Bedürfnisse stehen im Vordergrund.

Kinder vergessen beim Erwachsenwerden vieles aus ihrer Kindheit. An die Person, die mit ihnen Märchen gelesen hat, erinnern sie sich gerne.

Die Botschaft der Märchen

Die Kinder beobachten genau, was die Hauptfiguren erleben bzw. erleiden und ziehen daraus ihre Schlüsse. Die Botschaft vieler Märchen lautet: Das Leben ist voll unvorhersehbarer Ereignisse. Man kann unverschuldet in Schwierigkeiten geraten, Bewährungsproben ertragen müssen, usw., aber wer nicht aufgibt, siegt meistens letztlich doch. Ein grundlegendes Geborgenheitsgefühl entwickelt sich: Irgendwie wird´s doch gut, alles regelt sich.

Die Bedeutung der Märchen heute

Jedes Volk hat seine Märchen, jede Kulturregion ihre speziellen Geschichten. Märchen befassen sich mit den Grundfragen menschlichen Lebens. Ob es modern ist, sich mit der Suche nach Glück, mit Ängsten und Sorgen und deren Überwindung zu beschäftigen, mag jeder für sich selbst entscheiden. Ich jedenfalls möchte die vielen schönen Stunden, in denen ich Märchen erzählt bekam und später Märchen erzählen durfte, nicht missen. Der differenzierten Wahrnehmung von Sprache und der Fähigkeit, verschiedene Formen von Glück erleben zu können, der Überzeugung, dass die menschliche Kreativität und Fantasie fast unbegrenzt sind, verdanke ich viele schöne Stunden. Für mich ist die Ausgangsfrage mit einem klaren „Ja" zu beantworten.

Märchen sind kein Allheilmittel, kein Ersatz für ein sinnvoll organisiertes Kinderleben! Sie sind wie Gewürze in der Küche, ein Beitrag zu intensiverem Erleben.

Herbert Heinrich

Bild: Emelina Lima, Pestalozzi-Grundschule, Regensburg, 4. Klasse